Die KOMPASS-Wanderkarte 1:50 000, Blatt 53 „Meran und Umgebung", umschließt das Gebiet des Etschlaufes vom Mittelvinschgau bis zum Meraner Becken und den weiteren, sich in südöstlicher Richtung hinziehenden Verlauf des Flusses durch die nach ihm benannte Ebene. Die Hochgebirgsketten im Norden, Osten und Westen der Etsch füllen zusammen mit den ihnen vorgelagerten Mittelgebirgsstufen und den sie durchschneidenden Tälern den übrigen Teil der Karte aus. Im Bereich des Zusammenflusses von Etsch und Eisack öffnet sich das Bozner Becken. An dieses schließt sich vom Westen her die dem Mendelstock vorgelagerte Hochebene des Überetsch an. Bis auf das obere Nonstal, das zur Provinz Trient gehört, zählt das übrige auf der Karte dargestellte Gebiet zur Provinz Bozen – Südtirol.

Bis zu dem beinahe rechtwinkeligen Knick der Etsch am sogenannten Töllgraben oberhalb Meran schieben sich auf der Nord- wie Südseite zwei gewaltige Gebirgsketten an den Fluss heran. Im Norden ist es die Texelgruppe (Naturpark Texelgruppe), eine vor den Ötztaler Fernern aufgerichtete Urgesteinsmauer. Südlich des Flusses finden die nordöstlichen Ausläufer der Ortlergruppe ihren Abschluss. Drei Täler münden in das Meraner Becken: der Vinschgau, das Passeier- und das Ultental. Auch das Passeiertal begleiten hohe Gebirgsketten. An seiner Westseite verläuft der sogenannte Schneeberger Zug gegen Norden, im Osten sind es die Sarntaler Alpen. Folgt man dem Lauf der Etsch von Meran bis Bozen, so zeigt das Kartenbild das vom lebhaften Grün der Matten und waldumkränzten Kuppen gekennzeichnete Mittelgebirge der Bozner Porphyrplatte. Diese tritt an beide Seiten des Etschbettes heran und reicht an dessen Westflanke von Kaltern bis Lana und im Osten als Tschögglberg von Jenesien bis Hafling.

Geschichte

Die Besiedlung reicht in das Dunkel der vorgeschichtlichen Zeit zurück. Nachgewiesen ist erst das Vordringen indogermanischer Stämme zwischen 1011 und 500 v. Chr. in das obere Etschgebiet. Reste von Wallburgen bezeugen, dass hier nach dem Einbruch der Kelten um 400 v. Chr. Venosten, Breonen oder Genaunen gesiedelt haben. Nach dem Jahr 15 n. Chr. blieben die Römer 500 Jahre im Lande. Durch die Einflüsse ihrer Kultur wurde die Bevölkerung romanisiert. Maßgeblichen Anteil daran hatte aber auch die Verbreitung der christlichen Lehre. Auf die Römer folgten die Ostgoten und diesen wiederum die Langobarden und Franken. Von einschneidender Bedeutung für die endgültige Besiedelung des oberen Etschtales wurde die Besitznahme des Landes durch die Bajuwaren. Die Bayern verdrängten die ansässige Bevölkerung jedoch keineswegs, sondern sie vermischten sich mit ihr. Noch heute bezeugen mit romanischen Wortwurzeln verbundene deutsche Ortsnamen diese Assimilierung. Mittelpunkt des zwischen dem Vinschgau und der großen Etschschleife besiedelten Landesteiles wurde das Burggrafenamt. Im Burggrafenamt wurden die im nahen und später auch erweiterten Umkreis von Meran entstandenen Gemeinwesen zusammengefasst. Hier wirkte vor allem auch im 8. Jahrhundert der hl. Korbinian, Bischof von Freising. Die Schutzherren dieses Gebietes waren erst bayerische, später Reichs- und zuletzt bischöfliche Vögte. Seit 1141 bezeichneten sich die Grafen von Vinschgau als Burgherren „Grafen von Tirol". Ihre großen Gegner waren die Grafen von Eppan. Dieses Geschlecht, mit den Welfen verwandt, hatte das Gebiet des heutigen Überetsch, Bozen mit seinem Unterland sowie Teile des Eisacktales als Lehensträger des Reiches, später der Trientiner und Brixner Bischöfe, im Besitz. Um ihren Gau vor den Angriffen der Eppaner zu schützen, errichteten die Vinschgauer Herren eine starke Burg in unmittelbarer Nähe ihrer Lehensgrenzen. So entstand auf einem Felsen in der Nachbarschaft des gleichnamigen Dorfes das

Naturns: „Der Schaukler" – Freskomalerei im St.-Prokulus-Kirchlein
Naturno: „Fuga di S. Procolo da Verona" – Affresco nella Chiesa di S. Procolo

Schloss Tirol. Es wurde die Stammesburg des „Landes im Gebirge", nach der es auch den Namen erhielt. Bauherr Tirols wurde nach dem Erlöschen der Eppaner Grafen der Burgherr Tirols, Meinhard II., ein Kampfgefährte von Friedrich Barbarossa und Gatte der Stauferwitwe Kaiser Konrads IV. Als Meinhard dann noch in den Besitz der Grafschaft Görz gelangte und dieses Gebiet mit seinem Bruder teilte, schlug 1271 die Geburtsstunde Tirols. Von der Mühlbacher Klause bis zum Reschenpass, aber auch weiter bis zum Inn, reichte der neue „Dominium comitis Tyrolis". Schon reihte sich vom Überetsch bis in den oberen Vinschgau Burg an Burg und Siedlung an Siedlung. Auf den Burgen saßen kampfbewährte, aber auch ehrgeizige Adelsgeschlechter, die oft nur mit äußerster Härte vom Landesherrn zu halten waren. Unter der Herrschaft der Enkelin von Meinhard II., Margareta Maultasch, erlebten Meran und das Burggrafenamt ihre glänzendste, aber auch stürmischste Zeit. Nach der missglückten Ehe mit dem Luxemburger Johann von Böhmen ließ sich die Maultasch zu Meran in Gegenwart von Kaiser Ludwig dem Bayern mit dessen Sohn Ludwig von Brandenburg trauen. Der glänzenden Hochzeitsfeier folgte der Bannstrahl des Papstes wegen der ungültig geschlossenen Ehe. Kriegszüge von Kaiser Karl IV., Belagerungen von Schloss Tirol, Brandschatzungen und trotz aller Bedrängnisse der endgültige Triumph der streitbaren Margareta kennzeichnen diese Epoche. Nach dem Hinscheiden ihres Gatten und ihres einzigen Sohnes übergab die „Hässliche Herzogin" 1363 Tirol dem Habsburger Rudolf IV. Seit diesem Zeitpunkt gehörten Meran mit seinem Burggrafenamt sowie das ganze Tirol zum Hause Österreich. Die Habsburger regierten jedoch die meiste Zeit in Innsbruck und außer Landes. Deshalb wurde der Sitz der landesfürstlichen Behörden im Jahr 1446 – nach dem Aussterben der Grafen Tirol – von Meran nach Innsbruck verlegt. An diese glanzvolle Zeit erinnern zahlreiche Bauwerke, vorwiegend Burgen, Ansitze und Schlösser, die eine lange Zeit überdauert haben und eine wertvolle Bereicherung dieser Kernlandschaft Südtirols sind. Nicht nur diese Burgen sind einen Besuch wert, sondern auch die zahlreichen anderen kulturellen Sehenswürdigkeiten, wie Kirchen und Kapellen mit wertvollen Fresken und Schnitzaltären aus der Gotik, Museen mit verschiedenen Sammlungen.
Während der Bauernkriege tagte 1525 in Meran die berühmte Landesversammlung, der Michael Gaismayr den revolutionären Entwurf einer neuen demokratischen Reichsver-

fassung vorlegte. Dreihundert Jahre später, zur Zeit der bayerischen Besetzung Tirols im Verlauf der Napoleonischen Kriege, galt Meran als Mittelpunkt des geistigen Widerstandes. Dieser erhielt seinen stürmischen Ausdruck mit dem Beginn des Freiheitskampfes von 1809. St. Leonhard in Passeier, 20 km von Meran entfernt, war die Heimat des Volkshelden Andreas Hofer. Die Passeirer, Burggräfler und Vinschgauer Schützen zählten zu den verlässlichsten Gefolgsmannen des Sandwirts. Im Passeiertal und um Meran fand auch der Kampf gegen Bayern und Franzosen seinen tragischen Ausklang. Hofer wurde in Meran gefangen gehalten, ehe man ihn weiter nach Mantua schaffte, wo er am 20. Februar 1810 standrechtlich erschossen wurde.
Das Gebiet um Bozen und Trient wurde Italien zugesprochen. 1813 eroberte Österreich Südtirol zurück, was 1815 auf dem Wiener Kongreß bestätigt wurde. Am 15. Mai 1915 erklärte Italien Österreich-Ungarn den Krieg und in Südtirol fanden schwere Kämpfe statt. Nach dem Ersten Weltkrieg kam Südtirol zu Italien, obwohl bei einer Volkszählung 1910 das Gebiet ohne die ladinischen Täler zu 97% deutsch war. Als 1922 die Faschisten an die Macht kamen, wurde das Land rücksichtslos italienisiert: Deutsch auf Ämtern und in Schulen war verboten. Venezia Tridentina hieß das Gebiet nun mit Trient als Hauptstadt. Sogar das den bäuerlichen Besitzstand schützende Höferecht wurde aufgehoben. 1926 wurde Südtirol in Bolzano (Bozen), Trento (Trient) und Belluno aufgeteilt. 100 000 Italiener wurden 1939 im Lande angesiedelt, dadurch wurde es zu 24% italienisch. Nach dem Berliner Umsiedelungsabkommen zwischen Hitler und Mussolini wanderten 75 000 Südtiroler aus, von denen nach 1945 ca. 22 000 zurückkehrten. 1943 wurde Südtirol als „Operationszone Alpenvorland" von Deutschland besetzt und praktisch von Nordtirol aus verwaltet. 1945 amerikanische Besatzung. Seit 1. Januar 1946 wird Südtirol wieder von Italien verwaltet. Durch das internationale Pariser Abkommen wurden den Südtirolern verschiedene Rechte zugesichert (Gruber – De Gasperi-Abkommen). Daraufhin wurde die Zweisprachigkeit eingeführt und den Südtirolern Kultur- und Verwaltungsautonomie zugesichert. Am 12. Mai 1945 wurde die Südtiroler Volkspartei gegründet, in der sich die verschiedenen deutschsprachigen Gruppen und die Ladiner sammelten.
Entgegen dem Gruber – De Gasperi-Abkommen führte Italien im Jänner 1948 ein Autonomiestatut für die neu geschaffene Region „Trentino – Alto Adige" (Trentino – Südtirol) ein. Deutsch blieb nur noch Hilfssprache und Staatsbeamte und -angestellte waren nur noch Italiener. In den Jahren 1960/61 brachte Österreich dann die „Südtirol-Frage" vor die Vereinten Nationen (UNO). Österreichisch-italienische Verhandlungen blieben zunächst ohne Erfolg und nach der Feuernacht im Juni 1961 nahmen Bombenanschläge immer weiter zu. 1969 wurde endlich das sogenannte „Südtirol-Paket" gebilligt. Dies ist ein Paket von 130 Kompetenzen auf kulturellem, sozialem, verwaltungstechnischem und wirtschaftlichem Gebiet. Zur Region Trentino – Südtirol kam nun noch die autonome Provinz Bozen mit eigenem Landtag. Der inzwischen auf ein Drittel angewachsene italienische Bevölkerungsanteil erhielt einen Minderheitenschutz. Die deutsche Sprache wurde zweite Amtssprache und auch im Staatsdienst soll der sprachliche Proporz (1 Italiener auf 2 Deutschsprachige) gelten. Nicht erreicht wurde die hauptsächlich geforderte Trennung Südtirols von Trient.
Südlich des Gampenjochs (Passo Palade) liegt Deutschnonsberg, das sind die deutschen Sprachinseln Unsere Liebe Frau im Walde – St. Felix, Laurein und Proveis. Im 12. Jh. entstanden die Schwaighofgründungen der Eppaner Grafen, die dort deutsche Bauern ansiedelten, später verstärkt durch deutsche Bergknappen. Die Hofgemeinschaften unterstanden ursprünglich der Gerichtsbarkeit von Castelfondo. Graf Meinhard II. vereinigte sie 1265 mit der Grafschaft Tirol. Nach langjähriger Zugehörigkeit zur italienischen

Bauernhof in Proveis/Maso a Proves

Provinz Trient bilden sie seit dem Ende des Zweiten Weltkrieges die südwestliche Sprachgrenze des deutschen Siedlungsraumes in Südtirol.
Hatte einerseits die Via Claudia Augusta der Römer, andererseits auch der Weg über den Jaufenpass nach Sterzing die Öffnung des Meraner Beckens nach Norden eingeleitet, so verband die von Bozen heranführende Handelsstraße das Burggrafenamt mit dem Brenner und dem Süden. Andere wichtige Passstraßen wurden in jüngerer und jüngster Zeit erschlossen. Zu diesen zählen die Gampenstraße auf den Nonsberg und die mautpflichtige Timmelsjochstraße (nur im Sommer befahrbar!) zum österreichischen Ötztal. Zwischen Meran und Bozen besteht sowohl eine Eisenbahnverbindung als auch Straßenverbindungen (Schnellstraße 38 und Landesstraßen). Ebenso gibt es im Vinschgau zwischen Meran und Mals eine Eisenbahnverbindung und Straßenverbindungen (ebenso die Schnellstraße 38 und Landesstraßen). Wo einstmals der politische Weitblick und kraftvolle Wille der Grafen von Tirol zur Bildung der Landeseinheit führten, schuf in späterer Zeit der kühne Pioniergeist einiger um die Heilkräfte erfahrener Männer das heutige, moderne Meran. Es waren der Arzt Dr. Roman Weinberger als Bürgermeister, ferner der Arzt Dr. Sebastian Huber sowie Dr. Franz Tappeiner, die zwischen 1850 und 1912 den Namen Merans als Kurstadt begründeten. Begonnen wurde mit Trauben- und Molkekuren, dann schuf man Heilstätten für Lungenkranke und erhob die Landschaft damit zum Luftkurort. Mit Beginn des Massentourismus setzte für Meran auch eine geradezu stürmische Aufwärtsentwicklung ein. Die Entdeckung und Nutzung radioaktiver Quellen auf dem Vigiljoch und in der Gratsch fördern diese Entwicklung ebenso. Für den nach Ruhe und Erholung Ausschau haltenden Gast, vor allem aber für den Freund der Natur und den Bergsteiger hat dieses herrliche Gebiet viel anzubieten.

Geologie

In geologischer Hinsicht bietet das Meraner Becken einzigartige Gegensätze der Formationen. Urgestein beherrscht den Norden. Schieferzüge, aus dem Ortler- und Vinschgaubereich vorstoßend, zu denen sich noch Quarzphyllit hinzugesellt, begegnen längs

Römerstraßen in den Alpen
Die Via Claudia Augusta, einst Hauptstraße Europas

Mit dem Bau der Straße begann Nero Claudius Drusus (Stiefsohn von Kaiser Augustus, erfolgreicher römischer Feldherr gegen die Germanen, gestorben 9 v. Chr.) im Jahr 16 v. Chr. während seines Feldzugs, durch den er die Grenzen des Römischen Reiches über die Alpen hinaus bis zur Donau erweiterte. Fertiggestellt wurde sie 47 n. Chr. unter Kaiser Claudius, dessen Namen sie erhielt. Die Straße führte vom Adriahafen Altino/*Altinum*, unweit vom späteren Standort Venedigs, bis zum nördlichen Vorposten Augsburg/*Augusta Vindelicum*, einer Stadt, die 15 v. Chr. zu Ehren von Kaiser Augustus gegründet worden war. Die Straße erstreckte sich über 350 mila passuum (= 520 km) und folgte den Flüssen Piave, Brenta und Etsch flussaufwärts sowie dem Inn und Lech flussabwärts. Nach Altino berührte sie Feltre/*Feltria*, Borgo Valsugana/*Ausugum*, Trient/*Tridentum*, Meran/*Maia*, den Reschenpass, Landeck/*Medullum*, den Fernpass, Füssen/*Foetibus*, Epfach/*Abodiacum*, Augsburg/*Augusta Vindelicum*, von dort zog sie sich bis Burghöfe/*Submuntorium* unweit von Donauwörth. Für die damalige Zeit war es ein imponierendes Vorhaben und ein bemerkenswerter Bau: die längste Straßentrasse der Kaiserzeit über die Alpen. Die als Militärstraße angelegte Claudia Augusta wurde später eine für den Handel und den kulturellen Austausch zwischen den lateinischen und germanischen Völkern wichtige Verbindung, die bis zum Mittelalter Kreuzfahrer, Heere und Pilger nutzten. Mit ihren 520 km ist die Via Claudia Augusta die längste und älteste historische Wanderroute Europas: Sie durchquert die schönsten Landschaften der Alpen, die malerischen hügeligen Erhebungen Bayerns und die weitläufige italienische Ebene und führt an zahlreichen Kunstschätzen und seltenen Kulturgüter in fünf Regionen und drei Staaten vorbei.

In der vorliegenden Karte verläuft die Via Claudia Augusta **von Eppan nach Tschars**. Eine außergewöhnliche, 52 km lange Strecke, die eindrucksvoll an die Geschichte der Via Claudia Augusta in Südtirol erinnert. Nach Castelvecchio/Altenburg, verlief die Straße unterhalb von Kaltern und stieg dann hoch über das Tal, das sich hier in den steilen Felssockel einschnitt, der das Etschtal abgrenzt. Entlang der Kaiserstraße entstanden zahlreiche Burgen. Die älteste, die Burg Hocheppan, wurde wahrscheinlich von den Römern erbaut. Sie diente als Kontrollposten für die sich weiter unten befindende Abzweigung, welche von der Via Claudia Augusta zum noch nicht identifizierten *Pons Drusi* führte. Dies war ein bedeutender Militärposten an der Einmündung des Eisacktales in das Etschtal. Am Vormittag gänzlich auf der Sonnenseite, verlief die Strecke hoch über dem Tal in Richtung Andrian und Marling, setzte sich dann weiter in die Nähe von Algund fort, von wo sie Meran/*Maia* bzw. die römische *Statio Maiensis* erreichte. Das war der entfernteste Militärposten der X Regio italica, auch an der Mündung zweier Täler gelegen, ungefähr eine Meile von der Grenze zur römischen Provinz Rätien entfernt. In Algund, in der Nähe des Schwimmbades, blieb ein Brückenkopf bestens erhalten. Es ist dies das massivste römische Bauwerk der gesamten Region, dessen guter Zustand auf die Tatsache zurückzuführen ist, dass es voll im Erdboden versank. Es befindet sich genau an jener Stelle, wo die Etsch sich nach Süden wendete und wo man sie auch heute noch auf einem schwindelerregenden Holzsteg überqueren kann. Dieser Übergang befindet sich hinter der Brauerei Forst. Nach einem steilen Anstieg, nun am linken Etschufer, erreicht man den Vinschgau in der Nähe von Töll, und kurz danach Rabland. Hier an der Grenzlinie wurde von Claudius ein Meilenstein aufgestellt, der 1552 gefunden wurde und nun im Stadtmuseum Bozen ausgestellt ist. Claudius wollte damit an die militärischen Aktionen seines Vaters und an dessen große transalpine Straßenbauten erinnern. Aufgrund der zahlreichen Überschwemmungen des Flusses wurden einige Straßenrouten der Via Claudia Augusta, zum Teil auch Nebenstrecken angelegt, von denen heute jegliche Spuren fehlen.

Der Text wurde von der Società Archeologica Claudia Augusta zusammengestellt.
Via Marsiai 1 • I-32030 Cesio Maggiore (BL) • E-mail: claudiaugusta@libero.it

des Passerlaufes auf der einen Seite Granit, auf der anderen Phyllitgneise. An der Fuge der Erdkruste des Nonsberges, die als Judikarienlinie bezeichnet wird, stoßen alte kristalline Schiefer mit jüngeren Kalkschichten zusammen. Beiderseits des Etschlaufes von Meran bis Bozen bestimmt die bereits genannte Bozner Porphyrplatte das geologische Gefüge. Ihr setzt sich an ihrem nördlichsten Sockel, am Naifgraben, der Tonalitblock des Großen Ifinger vor. Überlagerungen von Sandstein an ihrem westlichen Zug und aufgelagerte Dolomitschichten am Ende des Etschbuchtgebirges beim Mendelblock ergänzen außerdem das vielschichtige Bild des geologischen Aufbaues dieser Landschaft.

Flora und Fauna

Die Etsch, Lebensader der zum Meraner wie Bozner Becken heranreichenden Täler, beeinflusst nicht zuletzt auch das Klima dieser Landschaft. Ist sie doch der einzige Fluss der Alpen, der diese von ihrem Hauptkamm her durchbricht. Das ermöglicht die Zufuhr warmer, vom Süden heraufstömender Luft bis in höher liegende Seitentäler. Natürlich schützt auch der Alpenhauptkamm wie ein Wall das Etschtal vor kalten Nordwinden. Von der Natur behütet, erwachsen der Landschaft in diesem Gebiet alle Vorteile eines vom milden Hauch des Südens bestimmten Klimas. Bald nach Jahresbeginn ein Frühlingsland, zeigen sich das Etschbecken und seine Täler während des Sommers in üppiger Pflanzenfülle, um im Herbst bis zur Schwelle des Winters den ganzen Reichtum überquellender Fruchtbarkeit anzubieten. Ringsum aber bilden die Zwei- und Dreitausender der Texelgruppe an der Pforte des Vinschgaus, die Gipfel der Sarntaler Alpen mit den waldumsäumten Kuppen des Mittelgebirges sowie der Mendelkamm eine geradezu berauschende Szenerie. Wo von den Höhen der Almen der Samtteppich der Hochgebirgsflora bis zu den Terrassen des Mittelgebirges herabreicht, setzt unmittelbar an den Hängen derselben der „Saum des Südens“ ein. Rebenhänge und Obstanpflanzungen, Edelkastanien, Feigenbäume und schließlich Palmen neben den Gewächsen einer Mittelmeerflora lösen das dunkle Grün der Fichten und Lärchen und das helle Laub der Mischwälder ab. Der Fotofreund und der botanisch Interessierte werden hier auf ihre Rechnung kommen, wenn sie abseits der Lifte blumenreiche Wiesen und rauschende Bäche antreffen. Wer schon in den frühen Morgenstunden unterwegs ist, wird vielleicht auch den schon recht selten gewordenen Auerhahn zu Gesicht bekommen oder die Gämsen, die Murmeltiere oder das Reh- und Rotwild in den Schuttkaren (im Pfossental!) beobachten können.

Naturpark Texelgruppe

Beschreibung dazu siehe Anschlussblatt, KOMPASS-Wanderkarte 043 „Naturpark Texelgruppe – Meraner Höhenweg“

Die Texelgruppe

Die Texelgruppe mit ihren pyramidenförmigen Gipfeln und ihren Graten schiebt sich als Untergruppe vor die dahinter aufragende Urgesteinsmauer der Ötztaler Alpen. Mit ihren steil aufsteigenden Flanken und oft auch während des Sommers schneebedeckten Häuptern zählt sie zu einer der schönsten Hochgebirgsketten Südtirols. Charakteristisch ist auch ihr Wasserreichtum. Die beherrschenden Gipfel dieser Urgesteinswelt sind Texelspitze, 3318 m, Rotegg, 3337 m, Südliche Rotwand, 3254 m, Trübwand, 3264 m, Schwarze Wand, 3170 m, die Hohe Weiße, 3278 m, und der Lodner, 3228 m. Ein Hochtal, das Pfossental, trennt die Texelgruppe vom Schnalskamm. Durch dieses Tal führt ein Weg über das Eisjöchl, 2895 m, zur Stettiner Hütte. Gipfel wie Grate werden hier vielfach von großen Geröllhalden flankiert. Bei Begehung der Grate ist wegen des brüchigen Gesteins Vorsicht notwendig. Zu den Gipfeln der Texelgruppe führen teilweise gut begehbare Steige. Allerdings erfordern viele von ihnen auch Ausdauer. Dennoch kann man in zwei Tagesmärschen den ganzen Südhang der Gruppe durchwandern.

Stettiner Hütte/Rif. F. Petrarca, 2875 m, und/e Hohe Weiße/Cima Bianca, 3278 m

Die Sarntaler Alpen (Westlicher Teil)

Die Sarntaler Alpen bilden einen hufeisenförmigen Bogen zu beiden Seiten des Talferbettes. Im Westen schieben sie sich gegen das Etsch- und Passeiertal heran. Ihre südlichen Ausläufer gehen in die Porphyrplatte des Hafling-, Salten- und Rittenplateaus über. Zahlreiche Aufstiegshilfen erschließen dieses vor allem für Wanderer und Skifahrer besonders geeignete Höhengelände. Die höchsten Gipfel sind: Der Große Ifinger, 2581 m (das Wahrzeichen von Meran), die Verdinser Plattenspitze, 2680 m, der Hirzer, 2781 m, die Pfandlspitze, 2538 m, die Alplerspitze, 2748 m, und die Hochwart, 2746 m. Vergletschert sind die Sarntaler Alpen nicht. Für den Wanderer bieten sich viele abwechslungsreiche Ziele an. Der Wintersportler findet in den zahlreichen Skigebieten bis in das Frühjahr hinein schneesichere Pisten.

Die Nonsberg-Gruppe und der Mendelkamm

Die Nonsberg-Gruppe hat folgende Begrenzung: Im Westen von Proveis über das Hofmahdjoch, 1785 m (an der Judikarien-Bruchlinie) und das Marauntal, im Norden den Falschauer Bach bis zu dessen Einmündung in die Etsch und im Osten die Etsch. Sie besteht hauptsächlich aus Schiefer, Gneis und Quarz (Urgestein). Ab der Bruchlinie gegen Osten beginnt die Bozner Porphyrplatte mit dem Laugen als höchste Erhebung, 2434 m, während der Mendelkamm aus Kalkgestein bestehend schon dem Nonsberg angehört, das Hochtal im Vorfeld der Ortler-, Adamello- und Brentagruppe. Der Mendelkamm hat als höchste Erhebung im Bereich des Kartenblattes den Gantkofel, 1868 m. Die höchste Spitze der Proveiser Berge ist die Ilmenspitze, 2657 m, an der Grenze zum Trentino mit dem am Fuße liegenden malerischen Bergdorf Marcena (Gemeinde Rumo). Diese Landschaft zieht die Wanderer stärker an als die Bergsteiger. Die am Fischbach liegende deutsche Gemeinde Proveis und das angrenzende deutsche Laurein, sowie die an der Gampenstraße liegende deutsche Sprachinsel Unsere Liebe Frau im Walde – St. Felix bilden den Deutschnonsberg, der fast unbekannt und sehr abgelegen ist. Unsere Liebe Frau im Walde – St. Felix ist am besten über das Gampenjoch (Passo Palade), 1518 m, zu erreichen. Die Gemeinden Laurein und Proveis liegen westlich davon in landschaftlich schöner Lage und in sanftwelligem, waldreichem und am Fuße der Proveiser Berge liegenden Gebiet. Seit 1999 sind diese beiden Gemeinden auf der Hof-

Ultner Hochwart – Spitzner Kornigl – Laugen/Vedetta Alta – M. Cornicolo – M. Luco Grande

mahdstraße über das Hofmahdjoch (Passo Castrin), 1785 m, von Lana über St. Pankraz gut zu erreichen. Obwohl die Gemeinden des Deutschnonsberges an der Sprachgrenze liegen und als ausgesprochene Randgebiet der Provinz Bozen – Südtirol gelten, haben sie das Erbe ihrer Väter in all den vielen Wechselfällen des Alltagsgeschehens treu bewahrt.

Das Gebiet südlich dieser drei Gemeinden gehört bereits zur Provinz Trient. Diese Täler sind nur kärglich besiedelt. Um so romantischer wirkt ihre herbe Unberührtheit. Der Hauptort des oberen Nonstales ist die Marktgemeinde Fondo. Um sie gruppieren sich einige, bereits für den Tourismus erschlossene kleinere italienische Gemeinden und Weiler inmitten einer reizvollen Landschaft.

Das Ultental

Das Ultental verläuft in rund 40 km Länge vom Quellgebiet des Falschauer Baches im Gelände der Oberen Weißbrunnalm bis zur Klamm der Gaulschlucht bei Oberlana. Südlich von St. Pankraz zweigt das stille Marauntal ab; seit 1999 verbindet die Hofmahdstraße das Marauntal mit Proveis/Deutschnonsberg. Es ist ein besonders waldreiches Tal, das von hohen Almen und den Kämmen der südöstlichen Ortlergruppe flankiert wird. Das Ultental ist nicht allein wegen seines Holzreichtums, sondern auch wegen seiner prächtigen Almweiden bekannt. Diese galten schon während des Mittelalters als besonders ergiebig. Auch in späterer Zeit sollen alljährlich bis zu 20 000 Schafe hier aufgetrieben worden sein. Das anfangs fast eintönig wirkende, von Felskulissen und Wald gesäumte Tal wird in seinem oberen Teil breiter und ausladender. Hier liegen auch die großen Stauseen – Zoggler Stausee und Weißbrunnsee. Die bedeutendsten Siedlungen sind St.

Ultner Urlächen/I larici plurimillenari della Val d'Ultimo

Walburg, St. Nikolaus und St. Gertraud. Außer den genannten Siedlungen findet sich, besonders an den gegen Süden gerichteten Berghängen, eine ganze Kette oft uralter Berghöfe. Die Annahme, dass der Name des Tales mit dem lateinischen Wort „ultima", was so viel wie „letztes Tal" bedeutet hätte, zusammenhinge, ist nicht vertretbar. Der Ursprung des Namens liegt vielmehr im Dunkeln. Aus Ansiedlern des Klosters Weingarten in Schwaben entstanden, bildete die Bevölkerung des Ultentales von altersher eine in sich geschlossene Kirchen- und Gerichtsgemeinde. Lehensherren waren hier lange Zeit die Grafen von Ulten, eine Nebenlinie der Eppaner Grafen, und seit 1253 die Burggrafen von Tirol. Sitz der Lehensherren im Ultental war das Schloss Eschenlohe, etwa 2 km vor St. Pankraz. Eine Straße führt über St. Walburg zu den obersten Fraktionen St. Nikolaus, St. Gertraud und weiter bis zum Weißbrunnsee.

Die zahlreichen Höhenwege – z. B. Meraner Höhenweg, Tiroler Höhenweg, Europäischer Fernwanderweg E 5, Via Alpina, Dolomiten-Höhenweg 10 – sind von jedem guten Bergwanderer ohne allzu große Schwierigkeiten zu bewältigen. Bergerfahrung und Trittsicherheit braucht man allerdings für die möglichen Varianten, die auf Gipfel oder über Klettersteige (die italienischen „vie ferrate") führen. Wichtig ist in jedem Fall eine gute Bergausrüstung mit kräftigen Schuhen, warmer Kleidung und Regenschutz; denn die Wege verlaufen auf einer durchschnittlichen Höhe zwischen 2000 und 2500 Metern, und plötzliche Wetterumschläge sind hier in jeder Jahreszeit möglich.

***Alpines Notsignal: Sechsmal** innerhalb einer Minute in regelmäßigen Zeitabständen ein sichtbares oder hörbares Zeichen geben und hierauf eine Pause von einer Minute eintreten lassen. Das gleiche wird wiederholt, bis Antwort erfolgt.*

***Antwort:** Innerhalb einer Minute wird **dreimal** in regelmäßigen Zeitabständen ein sichtbares oder hörbares Zeichen gegeben.*

Via Alpina

Auf 341 Tagesetappen, 5 verschiedenen Routen und über 5000 km Weglänge lädt dieser außergewöhnliche Wanderweg zu einer Entdeckungsreise durch acht Alpenstaaten von Monaco über Frankreich, die Schweiz, Liechtenstein, Deutschland, Österreich, Italien und Slowenien. Der Weg beginnt in Monaco und endet in Triest. Die Via Alpina schlängelt sich zwischen 0 und 3000 Meter Höhe durch den Alpenbogen, durchquert 9 Nationalparks, 17 Naturparks, zahlreiche Naturschutzgebiete und überschreitet 60 mal die Staatsgrenzen. Die Routen weisen keine technischen Schwierigkeiten auf, sind also in den Sommermonaten mit einer angemessenen Wanderausrüstung ohne Seil und Steigeisen zu begehen. Jede Etappe verfügt über ein oder mehrere Übernachtungsmöglichkeiten in Tallagen oder auf den Schutzhütten der alpinen Vereine.

Als ein Projekt der 1991 von den Alpenstaaten unterzeichneten Alpenkonvention steht für die Via Alpina die Förderung einer nachhaltigen Entwicklung und das Bewusstsein für die Schutzwürdigkeit des sensiblen Lebensraumes Alpen im Vordergrund. Schließlich sind die Alpen nicht nur der größte europäische Naturraum und ein Rückzugsgebiet für eine einzigartige Flora und Fauna, sondern auch Heimat von ca. 13 Millionen Menschen, geprägt von uralten Traditionen und kulturellem Austausch. Weitere Informationen finden Sie unter www.via-alpina.org

Meraner Waalrunde

„Waale“ sind künstliche Kanäle, die ab dem 13. Jh. angelegt wurden und der Bewässerung dienen. Die Bezeichnung leitet sich vermutlich vom lateinischen Wort „Aqualis“ (= Wasserlauf) ab. Zur Instandhaltung und Pflege eines Waals wurde ein meist schmaler Steg errichtet, der sogenannte „Waalweg“. Einst schlossen sich die Bauern zusammen, bauten mit einfachen technischen Mitteln die Waale und regelten mit ausgeklügelten Satzungen die Wasserverteilung. Ein eigens zuständiger Waaler sorgt bis heute für die Funktionstüchtigkeit und gerechte Verteilung des kostbaren Nass. Dieses wertvolle Kulturgut hat die Landwirtschaft, die Landschaft und die Menschen dieses Landes geprägt. Heute sind aus den Pfaden entlang der Bewässerungskanäle beliebte Wanderwege und schöne Spazierwege geworden, die ganzjährig begehbar sind.

Die Meraner Waalrunde umarmt das Meraner Becken und ermöglicht dem Wanderer auf dem 84 km langen Weg den Meraner Raum auf Waalwegen zu umrunden. Der Weg verbindet elf Waalwege: den Algunder Waalweg, den Kuenser Waalweg, den Waalweg Riffian, den Maiser Waalweg, den Schenner Waalweg ,den Brandiswaalweg in Lana, den Tschermser Waalweg, den Marlinger Waalweg, den Partschinser Waalweg, den Rablander Waalweg und den Wallburgweg in Naturns. Jeder Waalweg hat seine Eigenheit und entlang der einzelnen Waalwege wird dieses Kulturgut in all seinen Facetten erlebbar. Auf dem Weg sieht man Waalerhütten und Waalerschellen aber auch Schlösser, Kirchen und Naturdenkmäler wie zum Beispiel die Erdpyramiden in Dorf Tirol.

Die Waalwege entlang der Meraner Waalrunde sind durch Wegabschnitte verbunden. Schöne Fußwege oder Themenwege, wie etwa der Herrschaftsweg in Dorf Tirol oder der Rittersteig in Naturns führen den Wanderer von einem zum nächsten Waalweg. Immer wieder werden dem Wanderer auch Varianten angeboten, auf denen er zum Beispiel einen steilen Teil der Strecke mit dem Autobus zurücklegen kann, ein Museum besuchen oder einkehren kann. Zählt man die Kilometer der angebotenen Varianten hinzu, so erstreckt sich die Meraner Waalrunde auf über 100 km.

Ausgangspunkt ist an der Töll, am Eingang zum Vinschgau. Von dort aus erreicht man über den Algunder Waalweg Dorf Tirol. Von dort zieht sich die Meraner Waalrunde entlang der Talseite über den Kuenser Waalweg nach Riffian. Dort überquert der Weg das Passiertal bei Saltaus. Auf der gegenüberliegenden Talseite führt der Weg über den Maiser- und Schenner Waalweg wieder in Richtung Süden bis in die Naif, oberhalb von Meran. Immer leicht über dem Tal führt der Weg bis nach Burgstall, wo der Talkessel bis nach Lana mit dem Autobus überquert wird. In Lana führt der Weg durch das Dorf bis zum Brandiswaalweg. Von Lana bis zurück zur Töll führt der Tschermser- und Marlinger Waalweg. Wieder an der Töll kann der Wanderer die zweite Schleife der Waalrunde beginnen. Die Strecke verläuft über den Partschinser- und Rablander Waalweg bis nach Naturns, wo wieder das Tal überquert wird. Auf der gegenüberliegenden Seite führt die Strecke über den Rittersteig zurück zur Töll.

Die Meraner Waalrunde ist ganzjährig begehbar, weil sich die Strecke nicht in gebirgiger Höhe befindet, sondern immer leicht über dem Talkessel erstreckt. Dem Wanderer bietet sich ganz besonders im Frühling oder Herbst die Möglichkeit, wenn etwa auf dem Meraner Höhenweg vielleicht noch der Schnee liegt. Genauso kann aber auch im Sommer oder Winter der Ausblick über Meran und seine umliegenden Dörfer genossen werden.

Der Wanderer kann die ganze Strecke in mehreren Etappen erwandern. Genauso kann aber auch nur ein Teil der Strecke als Tagestour erlebt werden.

1. Etappe: Töll – Kuens, 11 km • 2. Etappe: Kuens – Saltaus, 7.6 km • 3. Etappe: Saltaus – Naiftal, 11 km • 4. Etappe: Naiftal – Lana, 13 km • 5. Etappe: Lana – Töll, 13 km • 6. Etappe: Töll – Rabland, 6 km • 7. Etappe: Rabland – Naturns, 9.6 km • 8. Etappe: Naturns – Töll, 11 km

Der herrliche Partschinser Wasserfall/La stupenda cascata di Parcines

ALPENGASTHÖFE UND UNTERKUNFTSHÜTTEN

Alle Angaben ohne Gewähr! Bitte erfragen Sie vor Beginn der Wanderung im Talort die Bewirtschaftungszeit und erkundigen Sie sich, ob eine Übernachtungsmöglichkeit besteht.
Die Telefonnummern der wichtigsten Hütten finden Sie auf Seite 106.

Nonsberg-Gruppe und Mendelkamm

Frantschalm (Mauslochalm), 1835 m (A 6), privat, Postleitzahl: 39025 Naturns, im Sommer bewirtschaftet. Zugang: von Kreuzbrünnl, 1½ Std. Übergänge: zur Zetnalm, ¾ Std.; zur Tablander Alm, ¾ Std. Gipfel: Naturnser Hochwart, 2608 m, 2½ Std. (nur für Geübte).

Marzoner Alm, 1595 m (A 6), privat, Postleitzahl: 39025 Naturns, im Sommer bewirtschaftet. Zugang: vom Parkplatz oberhalb von Freiberg, ca. ¾ Std.

Naturnser Alm, 1910 m (B 6), privat, Postleitzahl: 39025 Naturns, im Sommer bewirtschaftet. Zugänge: vom Larchbühel (Bergstation des Sesselliftes Vigiljoch), 1¼ Std.; von Aschbach, 1½ Std. Übergänge: zur Jausenstation Seespitz, 2 Std.; zur Zetnalm, 1 Std. Gipfel: Naturnser Hochwart, 2608 m, 3½ Std. (nur für Geübte).

Tablander Alm, 1758 m (A 7), privat, Postleitzahl: 39025 Naturns, im Sommer bewirtschaftet. Zugänge: vom Parkplatz Tomberg, 1½ Std.; von Freiberg über die Marzoner Alm, 1 Std. Übergang: zur Frantschalm (Mauslochalm), ¾ Std. Gipfel: Naturnser Hochwart, 2608 m, 3 Std. (nur für Geübte).

Vigilius Mountain Resort, Hotel, 1450 m (B 6), privat, Postleitzahl: 39011 Lana, im Sommer und Winter bewirtschaftet. Zugang: mit der Seilbahn von Oberlana. Übergang: zur Jausenstation Seespitz, 1 Std. Gipfel: Naturnser Hochwart, 2608 m, 4½ Std. (nur für Geübte).

Zetnalm, 1747 m (A 6), privat, Postleitzahl: 39025 Naturns, im Sommer bewirtschaftet. Zugang: von Kreuzbrünnl, ¾ Std. Übergang: zur Naturnser Alm, 1 Std.

Ötztaler Alpen und Texelgruppe

Bockerhütte (Rifugio dei Becchi), 1700 m (B 4), privat, Postleitzahl: 39019 Dorf Tirol, im Sommer bewirtschaftet. Zugänge: von Dorf Tirol, 3 Std.; vom Gasthof Tiroler Kreuz auf Weg Nr. 6, 2¾ Std.; von der Leiteralm/Bergstation der Gondelbahn, 2 Std. Gipfel: Mutspitz, 2294 m, 2 Std.; Spronser Rötelspitz, 2625 m, 3 Std. (beide mittel).

Eishof-Alm (Maso Gelato), 2076 m (A 3), Postleitzahl: 39020 Schnals/Pfossental, im Sommer bewirtschaftet. Zugang: von Vorderkaser (Gasthof Jägerrast, 1693 m), 1½ Std. Übergang: zur Stettiner Hütte (Eisjöchlhütte) auf Weg Nr. 24/Meraner Höhenweg, 2½ Std.

Guido-Lammer-Biwak (Bivacco Guido Lammer), 2707 m (B 4), Alpenverein, Postleitzahl: 39012 Meran, ganzjährig zugänglich. Zugänge: von Partschins auf Weg Nr. 7, 6 Std.; von der Leiteralm/Bergstation der Gondelbahn auf den Wegen Nr. 24/Meraner Höhenweg und 7, 4½ Std. Übergang: zur Lodnerhütte über das Halsljoch, 2808 m, auf Weg Nr. 7, 2 Std.; zum Hochganghaus über das Hochgangschartl, 2441 m, 2 Std. Gipfel: Lazinser Rötelspitz, 3037 m, 1½ Std. (nur für Geübte).

Hochganghaus (Rifugio Valico), 1839 m (B 4), privat, Postleitzahl: 39020 Partschins, im Sommer bewirtschaftet. Zugänge: von Partschins auf den Wegen Nr. 7A und 7, 3 Std.; von der Leiteralm/Bergstation der Gondelbahn auf Weg Nr. 24/Meraner Höhenweg, 1 Std. Übergänge: zur Lodnerhütte auf dem Franz-Huber-Steig, 4 Std.; zur Nasereit-Hütte auf dem Weg Nr. 24/Meraner Höhenweg, 1¾ Std.; zu den Spronser Seen über das Hochgangschartl, 1¾ Std. Gipfel: Spronser Rötelspitz, 2625 m, 2½ Std. (nur für Geübte, Schwindelfreiheit vorausgesetzt).

Hochwildehaus, 2866 m (A 2), Alpenverein, Postleitzahl: 6456 Obergurgl, im Frühjahr und Sommer bewirtschaftet. Zugang: von Obergurgl über die Langtalereckhütte, 4½ Std. Übergänge: zum Ramolhaus, 3 Std.; zum Martin-Busch-Haus über das Schalfjoch, 6 Std. Gipfel: Hochwilde, 3480 m, 4 Std; Falschunggspitze, 3361 m, 3½ Std.; Schalfkogel, 3540 m, 3½ Std. (alle Gipfelbesteigungen nur für Geübte).

Jägerrast, Alpengasthof, 1693 m (A 4), privat, Postleitzahl: 39020 Schnals/Pfossental, im Sommer bewirtschaftet. Zugang: von Karthaus zu Fuß, 1½ Std. oder mit dem Auto. Übergang: zur Eishof-Alm, 1½ Std.

Lammer-Biwak siehe unter **Guido-Lammer-Biwak**

Langtalereckhütte (Karlsruher Hütte), 2450 m (A 2), Alpenverein, Postleitzahl: 6456 Obergurgl, im Frühjahr und Sommer bewirtschaftet. Zugang: von Obergurgl, 2½ Std. Übergänge: zum Hochwildehaus, 2 Std.; zum Ramolhaus, 3 Std. Gipfel: Langtaler Jochspitz, 3154 m, 3½ Std. (nur für Geübte).

Lazinser Alm, 1860 m (B 3), privat, Postleitzahl: 39010 Pfelders, im Sommer bewirtschaftet. Jausenstation im Naturpark Texelgruppe. Zugang: von Pfelders, ¾ Std.

Lodnerhütte (Rifugio Cima Fiammante), 2262 m (A 4), CAI, Postleitzahl: 39020 Partschins, im Sommer bewirtschaftet. Zugang: von Partschins auf Weg Nr. 8, 5 Std. Übergänge: zur Stettiner Hütte (Eisjöchlhütte) über das Johannesschartl, 2854 m, 4 Std.; zum Hochganghaus auf dem Franz-Huber-Steig, 4 Std.; zur Nasereit-Hütte, 1¾ Std. Gipfel: Lazinser Rötelspitz, 3037 m, 2½ Std. (nur für Geübte); Rotegg, 3337 m, 3½ Std. (nur für Geübte).

Mitterkaser, 1954 m (A 3), privat, Postleitzahl: 39020 Schnals/Pfossental, im Sommer bewirtschaftet. Zugang: von Vorderkaser (Gasthof Jägerrast, 1693 m), ¾ Std. Übergang: zur Eishof-Alm, ¾ Std.

Mutkopf, Gasthaus, 1684 m (B 4), privat, Postleitzahl: 39020 Partschins, im Sommer bewirtschaftet. Zugänge: vom Gasthof Tiroler Kreuz auf Weg Nr. 23, 2½ Std.; von der Leiteralm/Bergstation der Gondelbahn, ¾ Std.

Nasereit-Hütte (Rifugio Nasereit), 1523 m (B 5), privat, Postleitzahl: 39020 Partschins, Wiedereröffnung für 2014 geplant. Zugang: von Partschins auf Weg Nr. 8, 2½ Std. Übergänge: zur Lodnerhütte, 2¼ Std.; zum Hochganghaus auf dem Weg Nr. 24/Meraner Höhenweg, 3 Std. Gipfel: Zielspitz, 3009 m, 4½ Std.

Ramolhaus, 3006 m (A 2), Alpenverein, Postleitzahl: 6456 Obergurgl, im Sommer bewirtschaftet. Zugang: von Obergurgl, 1 Std. Übergänge: zur Langtalereckhütte, 2 Std.; zum Hochwildehaus, 1½ Std.; nach Vent, 3 Std. (nur für Geübte). Gipfel: Großer Ramolkogel, 3549 m, der Einstieg zum Ramoljoch erfolgt über eine hohe Leiter, 2½ Std.; Mittlerer Spiegelkogel, 3311 m, 2 Std.; Schalfkogel, 3540 m, 3 Std.; Firmisanschneide, 3490 m, 2½ Std. (alle Gipfelbesteigungen nur für Geübte).

Stettiner Hütte (Eisjöchlhütte, Rifugio Francesco Petrarca), 2875 m (A 3), CAI, Postleitzahl: 39010 Pfelders, im Sommer bewirtschaftet. Zugänge: von der Eishof-Alm im Pfossental, 2½ Std.; von Vorderkaser (Gasthof Jägerrast, 1693 m) über die Eishof-Alm und das Eisjöchl, 2895 m, 4 Std.; von Pfelders auf dem Weg Nr. 24/Meraner Höhenweg, 4 Std. Übergang: zur Lodnerhütte über das Johannesschartl auf Weg Nr. 8 (Gletscherüberquerung), 4 Std. Gipfel: Hochwilde, 3480 m, 2 Std. (nur für Geübte); Hohe Weiße, 3278 m, 2½ Std. (nur für Geübte).

Zwickauer Hütte (Planfernerhütte, Rifugio Plan), 2979 m (B 2), CAI, Postleitzahl: 39010 Pfelders, im Sommer bewirtschaftet. Zugang: von Pfelders, 4 Std. Übergang: zur Stettiner Hütte (Eisjöchlhütte), 3 Std. Gipfel: Hinterer Seelenkogel, 3489 m, 1½ Std. (mittel); Rotmooskogel, 3335 m, 2½ Std. (Gletscher, nur für Geübte).

Sarntaler Alpen

Falzeben, Hotel, 1609 m (C 5), privat, Postleitzahl: 39010 Hafling, ganzjährig bewirtschaftet. Zugang: von Hafling, 1¼ Std. Übergänge: zur Rotwandhütte, ¾ Std.; zur Zuegghütte, 20 Min.

Hintereggeralm (Malga di Dentro), 1974 m (C 4), privat, Postleitzahl: 39017 Schenna, im Sommer bewirtschaftet. Zugänge: von der Hirzer Seilbahn-Bergstation, ¾ Std.; von Prantach, dem E 5 folgend, ca. 3½ Std.

Hirzerhütte (Rifugio Punta Cervina), 1983 m (C 4), privat, Postleitzahl: 39017 Schenna, im Sommer bewirtschaftet. Zugänge: von Saltaus mit der Seilbahn und von der Bergstation, ¼ Std.; von der Bergstation der Hirzer-Seilbahn, 20 Min. Übergänge: zur Ifinger Hütte auf den Wegen Nr. 40A, 40 und 18A, 3½ Std. Gipfel: Hirzer, 2781 m, 2 Std. (mittel).

Ifinger Hütte (Rifugio Picco Ivigna), 1810 m (C 5), CAI, Postleitzahl: 39017 Schenna, im Sommer bewirtschaftet. Zugänge: von Schenna über St. Georgen, 3 Std.; von Vernaun im Naiftal auf den Wegen Nr. 3A, 3, 40 und 20, 4 Std.; vom Gasthof Taser (Seilbahn-Bergstation), 1¼ Std. Übergänge: zur Rotwandhütte über die Ifinger Scharte, 2117 m, Weg Nr. 18, 1¾ Std.; zum Berggasthof Piffinger Köpfl (Bergstation) über die Ifinger Scharte und das Naifjoch, 1½ Std.; zur Hirzerhütte über den Gasthof Taser auf den Wegen Nr. 18A, 40 und 40A, 3½ Std.; zur Meraner Hütte, 1¾ Std.; zur Zuegghütte, 2 Std. Gipfel: Großer Ifinger, 2581 m, 2½ Std. (nur für Geübte).

Kesselberghütte (Rifugio Valcanova), 2300 m (D 5), privat, Postleitzahl: 39010 Hafling, im Sommer und Winter bewirtschaftet. Zugänge: vom Berggasthof Piffinger Köpfl (Bergstation) über das Naifjoch, 1¾ Std.; vom Hotel Falzeben auf Weg Nr. 14, ca. 3 Std.; von Sarnthein/Obermarchen, 2½ Std. Gipfel: Großer Mittager, 2422 m, ¾ Std.; Großer Ifinger, 2581 m, 2 Std.; Verdinser Plattenspitze, 2680 m, 2½ Std. (alle Touren nur für Geübte, Wege teils mit Sicherungen).

Kirchsteigeralm, 1945 m (D 5), privat, Postleitzahl: 39010 Hafling, im Sommer und Winter bewirtschaftet. Zugänge: von Meran/Naiftal mit der Bergbahn Meran 2000 zum Berggasthof Piffinger Köpfl (Bergstation) und von dort 1¼ std.; von Hafling auf Weg Nr. 14 über die Rotwandhütte, 2½ Std. Übergänge: zur Ifinger Hütte über das Naifjoch und die Ifinger Scharte, 2 Std.; zur Rotwandhütte, 1½ Std. Gipfel: Großer Ifinger, 2581 m, 2½ Std. (nur für Geübte).

Langfenn, Gasthof (Albergo Lavenna), 1527 m (D 7), privat, Postleitzahl: 39010 Vilpian, ganzjährig bewirtschaftet. Zugänge: von Jenesien auf dem E 5, 2½ Std.; von Mölten auf den Wegen Nr. 4 und 1, 1¼ Std.; von Verschneid auf den Wegen 4B, 12A und E 5, 1¼ Std. Übergänge: zum Möltner Kaser auf dem E 5, 1½ Std.

Leadner Alm, 1514 m (C 6), privat, Postleitzahl: 39010 Vöran, im Sommer und Winter bewirtschaftet. Zugänge: von Hafling, 1 Std.; von Vöran, 1 Std.

Locher, Gasthof, 1271 m (D 8), privat, Postleitzahl: 39050 Jenesien, ganzjährig bewirtschaftet. Zugang: von Jenesien, 1 Std. Übergänge: zum Tschaufenhaus, 1½ Std.; zum Gasthof Langfenn, 2 Std.

Mahdalm, 1990 m (C 3), 5 Minuten von der Hintereggeralm entfernt, siehe dort.

Meraner Hütte (Rifugio Merano), 1960 m (D 5), Alpenverein, Postleitzahl: 39010 Hafling/Meran 2000, im Sommer und Winter bewirtschaftet. Zugänge: von Meran/Naiftal mit der Bergbahn Meran 2000 zum Berggasthof Piffinger Köpfl (Bergstation), von dort auf Weg Nr. 14, 1 Std.; von Hafling auf Weg Nr. 14, 2½ Std. Übergänge: zum Möltner Kaser, 2 Std.; zur Rotwandhütte, 1 Std.; zur Ifinger Hütte, 2 Std.; zur Zuegghütte, 1¼ Std.; zur Hirzerhütte auf Weg Nr. 4, 4 Std. (mühsam). Gipfel: Großer Ifinger, 2581 m, 2½ Std. (nur für Geübte).

Möltner Kaser (Capanna di Meltina), 1763 m (D 6), privat, Postleitzahl: 39010 Mölten, im Sommer und Winter bewirtschaftet. Zugänge: von Mölten, 2 Std.; von Sarnthein auf Weg Nr. 5, 2½ Std. Übergänge: zum Gasthof Putzer Kreuz, 1¼ Std.; zur Meraner Hütte, 2¼ Std.; zum Gasthof Langfenn auf dem Europäischen Fernwanderweg E 5, 1½ Std. Gipfel: Stoanerne Mandln, 2001 m, ¾ Std. (leicht).

Piffinger Köpfl, Berggasthof, 1980 m (C 5), privat, Postleitzahl: 39010 Hafling/Meran 2000, im Sommer und Winter bewirtschaftet. Zugänge: von Meran/Naiftal mit der Bergbahn Meran 2000; von Hafling/Falzeben mit der Kabinenbahn oder auf Weg Nr. 14 über die Zuegg- und Rotwandhütte, 2 Std. Übergänge: zur Ifinger Hütte auf Weg Nr. 18 über die Ifinger Scharte, 2117 m, 1¼ Std.; zur Kirchsteigeralm auf Weg Nr. 14, ¾ Std. Gipfel: Großer Ifinger, 2581 m, 2 Std. (nur für Geübte).

Putzer Kreuz, Gasthof, 1630 m (D 6), privat, Postleitzahl: 39058 Sarnthein, im Sommer bewirtschaftet. Zugang: von Sarnthein auf Weg Nr. 5, 2 Std. Übergang: zum Möltner Kaser, 1¼ Std. Gipfel: Stoanerne Mandln, 2001 m, 1½ Std. (leicht).

Rotwandhütte (Rifugio Parete Rossa), 1817 m (C 5), CAI, Postleitzahl: 39010 Hafling, im Sommer und Winter bewirtschaftet. Zugänge: von Meran/Naiftal mit der Bergbahn Meran 2000 zum Berggasthof Piffinger Köpfl (Bergstation) und von dort ¼ Std. zu Fuß; von Hafling auf Weg Nr. 14, 2 Std. Übergänge: zur Zuegghütte, ½ Std.; zur Meraner Hütte, 1 Std.; zur Ifingerhütte, 1½ Std. Gipfel: Großer Ifinger, 2581 m, 2½ Std. (nur für Geübte).

Saltner Edelweiß, Gasthof, 1351 m (D 8), privat, Postleitzahl: 39050 Jenesien, ganzjährig bewirtschaftet. Zugang: von Jenesien, ¾ Std. Übergänge: zum Gasthof Langfenn, 1½ Std.; zum Tschaufenhaus, 2 Std.; zum Gasthaus Tomanegger, 1 Std.

Sarner Skihütte (Rifugio Sarentino), 1618 m (D 5), privat, Postleitzahl: 39058 Sarnthein, ganzjährig bewirtschaftet. Zugang: von Sarnthein auf Weg Nr. 2, 1¾ Std. Übergang: zum Möltner Kaser, 1½ Std. Gipfel: Stoanerne Mandln, 2001 m, 1¼ Std. (leicht).

Tomanegger, Gasthof, 1328 m (D 7), privat, Postleitzahl: 39050 Jenesien, ganzjährig bewirtschaftet. Zugang: von Jenesien, 1½ Std. Übergänge: zum Möltner Kaser, 2 Std.; zum Gasthof Langfenn, 1½ Std.

Tschaufenhaus (Capanna Giovo del Salto), 1314 m (C 7), privat, Postleitzahl: 39010 Mölten, ganzjährig bewirtschaftet. Zugang: von Terlan auf den Wegen Nr. 4 und 7, 3½ Std. Übergänge: zum Gasthof Locher, 1¼ Std.; zum Gasthof Langfenn über Verschneid, 2 Std.

Zuegghütte (Rifugio Zuegg), 1766 m (C 5), privat, Postleitzahl: 39010 Hafling, im Sommer und Winter bewirtschaftet. Zugänge:von Meran/Naiftal mit der Bergbahn Meran 2000 zum Berggasthof Piffinger Köpfl (Bergstation) und in ¼ Std. Abstieg zur Hütte; von Hafling auf Weg Nr. 14, 1½ Std. Übergänge: zur Rotwandhütte, ¼ Std.; zur Ifinger Hütte auf den Wegen Nr. 41 und 18, 2½ Std. Gipfel: Großer Ifinger, 2581 m, 2½ Std. (nur für Geübte).

Wir danken den Tourismusverbänden und alpinen Vereinen, die uns bei der Aktualisierung des vorliegenden KOMPASS-Lexikons tatkräftig unterstützt und uns Bildmaterial zur Verfügung gestellt haben.

ORTSBESCHREIBUNGEN

Die Telefon- und Faxnummern der Tourismusvereine finden Sie auf Seite 107.

ALGUND/LAGUNDO B 5

Gemeinde, Provinz Bozen, Einwohner: 4850, Höhe: 350 m, Postleitzahl: 39022. **Auskunft:** Tourismusverein Algund. **Bahnstation:** Meran. **Busverbindung:** Lana – Meran – Algund – Forst, Meran – Algund – Partschins, Algund – Meran – Oberplars – Vellau. **Bergbahnen:** Gondel- und Sessellift.

Algund zählt zu den ältesten Siedlungen des Burggrafenamtes. Der Name erscheint bereits im Jahr 995, jener der Pfarre 1278. Das Dorf dehnt sich weitgezogen zwischen der der Mutspitz vorgelagerten kegelförmigen Höhenterrasse und dem Etschtal aus. Die Ortsteile Mühlbach und Ober- und Mitterplars werden von einer besonders üppigen Obstlandschaft umschlossen. Am Berghang wiederum stehen prächtige Höfe zwischen den Pergeln der Weinberge. Zeugen einer an die 3000 Jahre zurückreichenden Besiedlung sind die 1932 und 1942 in Algund aufgefundenen vier Menhire. Die Römer führten die Via Claudia Augusta durch Mitterplars.

Sehenswert im Ort und in der Umgebung

Die **alte Pfarrkirche zu den hll. Hippolyt und Erhard** mit dem im 15. Jh. errichteten spätgotischen Chor. Das romanische Langhaus wurde im 17. Jh. eingewölbt. – Die **neue**

Blick auf den Algunder Waalweg/Il sentiero della roggia di Lagundo

Pfarrkirche zum hl. Josef im Dorfzentrum. Diese zählt zu den schönsten Kirchen im Alpenraum und ist ein Beispiel zeitgemäßer Architektur. Die Kirche ist sehr reich an symbolischen Aussagen. Sie wurde zwischen 1966 und 1971 erbaut. – Ein noch erkennbarer **römischer Brückenkopf** der Römerstraße Via Claudia Augusta nahe dem Römerkeller. – Die vier in Algund aufgefundenen **marmornen Kultsteine (Menhire)** aus der ligurisch-illyrischen Epoche sind im Stadtmuseum in Meran und im Südtiroler Archäologiemuseum in Bozen zu bewundern. – **Duplikate der Menhire** stehen vor dem Tourismusbüro. – **Schalensteine** (Kultsteine aus vorchristlicher Zeit) befinden sich auf dem Schlundenstein-, Saxner- und Birbameggweg. – Der Tourismusverein Algund bietet von Mitte März bis Mitte November jeden Montag um 10 Uhr kunsthistorische Führungen durch das Dorf an. Treffpunkt ist beim Tourismusbüro. – Besuchenswert sind u. a. das **Kirchlein zur heiligsten Dreifaltigkeit** in **Vellau**, das **Kirchlein zum hl. Ulrich** in **Plars** und das **Kirchlein zu Maria Schnee** in **Aschbach**. – Die frühgotische **Marienkirche** sowie das **Kloster Maria Steinach** wurden im Jahr 1241 von Gräfin Adelheid, Tochter des Grafen Albert von Tirol, erbaut. Das meditative Kloster wird von Dominikanerinnen geführt. – Die **Brauerei Forst** wurde 1857 gegründet und gilt heute als eine der größten Bierbrauereien in Italien und befindet sich im Ortsteil **Forst**. Eine Besichtigung ist mit einer Führung möglich. – Interessant ist eine **Wanderung am Apfel-Lehrpfad**: Wissenswertes über den Apfelanbau, seine Geschichte, Pflegemaßnahmen, Sorten und Vermarktung. – Wanderung am 6 km langen **Algunder Waalweg**. Dieser Waalweg setzt sich aus dem Gratscher, Algunder und Plarser Waal zusammen. – Wanderung am **Holzlehrpfad** in **Aschbach**.

Wanderungen und Bergtouren

Nach Meran am Algunder Waalweg (südlich von Schloss Thurnstein) und auf dem Tappeiner-Weg, 1 Std. – Bergaufwärts nach Vellau, ca. 2 Std. – Über Vellau zur Leiteralm, 1522 m (Weg Nr. 25), 3½ Std. – Von der Leiteralm auf dem Meraner Höhenweg (sehr lohnender Rundblick) und dem Muterweg zum Gasthof Tiroler Kreuz. Von dort nach Dorf Tirol und über das Schloss Tirol und den Algunder Waalweg zurück nach Algund, ca. 3½ Std. – Nach Partschins auf dem Plarser Waalweg über Oberplars. Von dort über den Gasthof Wiedmair zurück, 2 Std. – Rundwanderung: Algund – Vellau – Hochganghaus, 1839 m – Töllgraben – Jausenstation Saxner – Algund (Wege Nr. 25A, Nr. 25, Nr. 24 und Nr. 7), insgesamt 7 Std. – Von Algund über die Leiteralm, 1522 m, auf die Mutspitz, 2294 m, 7 Std. (nur für Geübte), Abstieg auf Weg Nr. 23.

BURGSTALL/POSTAL C 6

Gemeinde, Provinz Bozen, Einwohner: 1745, Höhe: 270 m, Postleitzahl: 39014. **Auskunft:** Tourismusverein Lana und Umgebung. **Bahnstation:** Burgstall – Lana. **Busverbindung:** Burgstall – Meran, Burgstall – Bozen. **Bergbahn:** Seilbahn von Staffler nach Vöran.

Burgstall liegt in der Etschniederung am Westrand der sich bis an das Flussbett vorschiebenden Ausläufer des Vöraner Plateaus (Tschögglberg) mitten im Etschtaler Obst- und Weinparadies und vor den Toren Merans. Die Siedlung dehnt sich entlang der Provinzstraße Bozen – Meran aus und ist im Süden mit der 2,5 km entfernten Nachbargemeinde Gargazon bereits beinahe verschmolzen. Mit der gegenüberliegenden Großgemeinde Lana verbinden es eine sehr gute Straße und ein Radweg. Schon in alter Zeit war die Gegend wegen ihres Obstreichtums bekannt. Auf einer Anhöhe im Bereich der Kirche befand sich die ursprüngliche Siedlung. Dort auf einem Felsvorsprung stand die Burg des Ritters Volkmar von Burgstall (1280 – 1343). Er war der erste Landeshauptmann von Tirol. Die Ruinen dieser Burg sind durch die Freilegung der Grundmauern wieder sichtbar.

Feuerlilie (Lilium bulbiferum)/Giglio rosso

Sehenswert im Ort und in der Umgebung

Die von Graf Volkmar von Burgstall 1330 errichtete **Kapelle** wurde um 1500 umgebaut. – Der Spitzturm und Chor der einstigen **Dreikönigskirche**; daran angebaut die **Hl. Kreuzkirche** (1868) und Aufsatz des heutigen Spitzturms vom Kurat Johann Lun. Die heutige Dreikönigstafel in der Kirche, vom berühmten Maler Dill Riemenschneider (Bischöflicher Hofmaler), stammt noch von der damaligen Dreikönigskirche vom Jahr 1541. – Sehenswerter **Friedhof.**

Wanderungen und Bergtouren

Mehrere Kilometer Spazier- und Wanderwege führen auf den Erschließungswegen durch die fruchtbaren Obstwiesen. – Wanderung am Graf-Volkmar-Weg südwärts bis zur Talstation der Vöraner Seilbahn, ca. 2½ km. Ausgangspunkt ist die Pfarrkirche. – Nach Meran/Obermais: ab der Pfarrkirche zuerst am Graf-Volkmar-Weg nordwärts, anschließend zur Jausenstation Mitterwalder, dann vorbei am Schloss Katzenstein, Weg Nr. 1, 2½ Std. – Nach Meran/Obermais auf den Wegen Nr. 1A und 1 und westlich am Schloss Fragsburg vorbei, 2½ Std. – Nach Vöran im Aufstieg am Sunnseitnsteig über den Stegerhof, 2½ Std. – Von der Pfarrkirche nordwärts zur Jausenstation Wiesler, 563 m, ½ Std. – Zur Nachbargemeinde Gargazon: südwärts bis kurz vor den Stegerhof aufsteigen (ca. 900 m), von dort südwärts über Morosing hinab, ca. 3½ Std. – Auf den Rotensteinkogel, 1464 m: Auf Weg Nr. 1A nordwärts bis zum Zusammentreffen mit Weg Nr. 1; von dort in südöstlicher Richtung bis zum Wegkreuz beim Hütterhof, 1¾ Std.; nun in 1½ Std. auf den Wegen Nr. 11 und 14 auf den Gipfel. Der Aufsteig erfolgt von der Nordostseite. Am Gipfel befindet sich das sogenannte „Knottnkino“. Dieses Kino wurde vom Künstler Franz Messner im Jahr 2000 errichtet. Über 30 Sitzplätze aus Stahl und Kastanienholz, die an jene eines alten Kinos erinnern, wurden dafür auf einem kleinen Felsvorsprung, die Südtiroler nennen es „Knottn“, aufgestellt. Und sobald Sie Platz genommen haben, kann der Film auch schon losgehen: vor Ihnen zeigt sich ein atemberaubendes Panorama auf das gesamte Etschtal, den Penegal, die Dolomiten, das Weißhorn, das Ultental, die Texelgruppe, das Meraner Becken und das Passeiertal.

DORF TIROL SIEHE UNTER TIROL/TIROLO C 5

GARGAZON/GARGAZZONE C 7

Gemeinde, Provinz Bozen, Einwohner: 1640, Höhe: 270 m, Postleitzahl: 39010. **Auskunft:** Tourismusverein Lana und Umgebung. **Bahnstation:** Gargazon. **Busverbindung:** Bozen – Meran. **Bergbahnen:** Seilbahn Burgstall/Staffler – Vöran, Seilbahn Vilpian/Gemeinde Terlan – Gasthof Etschblick.

Gargazon ist ein freundliches Dorf an der großen Verbindungsstraße Bozen – Meran und heute ein Zentrum des Obstbaues. Der Gargazoner Bach, auch Aschler Bach genannt, bildete im Mittelalter die Grenze zwischen den Grafschaften Bozen und der um das Burggrafenamt erweiterten Grafschaft Vinschgau. Die Siedlung war auch Sitz eines so genannten Kleinen Gerichtes.

Sehenswert im Ort und in der Umgebung

Das 1337 erwähnte alte **Johanniskirchlein**, jetzt Totenkapelle. – Die **neue Kirche** wurde 1928 fertiggestellt. – **Bergfried** der vermutlich 1237 erbauten Burg, **Kröllturm** genannt (Trautson-Wappen über dem Eingang), ein alter Wachturm am Osthang des Dorfes. – In unmittelbarer Nähe davon ein **Wasserfall** mit sieben Stufen. – Das **Eisloch**. – Das **Naturbad Gargazon**.

Wanderungen und Bergtouren

Nach Vilpian durch die Obstgärten entlang der Etsch, 1¼ Std. – Nach Tisens: Am Bahnhof Gargazon vorbei, über die Etschbrücke; weiter durch Obstgärten auf dem Moosweg (Weg Nr. 18) hinauf zum Ort, 2 Std. – Nach Lana: Am Bahnhof vorbei über die Etschbrücke und am orographisch rechten Ufer entlang bis zum Sportplatz und von dort auf der Straße Lana – Burgstall nach Mitterlana, 2 Std. – Nach St. Ulrich und Schlaneid: Zuerst nordostwärts hinauf zum Stegerhof (Weg Nr. 4); von dort südwärts weiter zum Leitner und Gatscher; 1 km östlich davon über den Aschler Bach, 1½ Std. Nun (Weg Nr. 13) über St. Ulrich, 1304 m, nach Schlaneid und zum Gasthof Etschblick, 1050 m, bei der Bergstation der Seilbahn, die uns ins Etschtal bringt, insgesamt 3 Std. – Die Wanderung zur Sattlerhütte, 1609 m, beginnt man am besten an der Bergstation der Seilbahn, die von Vilpian zum Gasthof Etschblick, 1050 m, führt. Von dort nach St. Ulrich, 1304 m; am Kreuz beim Hohlweg, 500 m nördlich der Kirche St. Ulrich, nordostwärts (Weg Nr. 15) meist durch den Wald zur Hütte, 2½ Std. Rückweg auf der gleichen Strecke; oder am Kreuz beim Hohlweg nach Norden (Weg Nr. 13) über den Aschler Bach und die Höfe Gatscher, Leitner und Steger zurück nach Gargazon.

Naturbad Gargazon/Piscina naturale Gargazzone

Rundwanderweg

Panoramaweg von Gargazon: Ausgehend von der Staatsstraße beim Gasthof „Zum Turm", den Vöraner Weg hinauf und man erreicht nach einigen hundert Metern das Hinweisschild „Zum Kröllturm". Von dort mäßig steil hinauf zum Kröllturm, einem mittelalterlichen Bergfried. Linkerhand in der Schlucht stürzt der Aschler Bach über einen 40 m hohen Felsen. Auf dem selben Weg zurück bis zur Abzweigung Kröllturm und weiter in südliche Richtung zum Panoramaweg, vorbei an Felsformationen und über den neu errichteten Forstweg hinab zum Steinschlagschutzwall. Der Weg führt nun über den Schutzwall entlang der alten Staatsstraße Bozen – Meran zum Ende des Panoramaweges; hier geht es schließlich aufwärts über den Knottner- und Wolfsgrubenweg zur Wolfsgrube. Von dort aus steil abwärts zur Staatsstraße. Nach Überquerung der selben erreicht man entlang des Großackerweges durch Obstwiesen den Bahnhof von Gargazon und gelangt linksseitig der Etsch am Binnendammweg wieder zurück ins Dorfzentrum. Gehzeit: ca. 3 Std. – Rundwanderweg Gargazon – Tisens – Lana – Gargazon: Von der Ortsmitte Gargazon aus in Richtung Bahnhof, über die Etschbrücke geradeaus zum Berghang, den Moosweg aufwärts nach Tisens, von dort abwärts über die Jausenstation Gruberkeller, 608 m, vorbei am Schloss Leonburg und an der Burgruine Brandis; zuletzt über die Weinstraße zurück nach Gargazon. Gehzeit: ca. 4½ Std.

HAFLING/AVELENGO C 6

Gemeinde, Provinz Bozen, Einwohner: 750, Höhe: 1290 m, Postleitzahl: 39010. **Auskunft:** Tourismusverein Hafling – Vöran – Meran 2000. **Bahnstation:** Meran (10 km). **Busverbindung:** Meran – Hafling – Falzeben und nach Vöran. **Bergbahnen:** Seilbahnen, Sessel- und Schlepplifte (Skigebiet Meran 2000).

Das 27 km² große Hochplateau von Hafling schließt eines der beliebtesten Wander- und Skigebiete Südtirols ein. Hier endet der sogenannte Tschögglberg, der von Jenesien oberhalb Bozens herüberzieht. Die Gemeinde besteht aus dem Dorf Hafling, dem Oberdorf sowie den Ortschaften St. Kathrein und Falzeben. Das Kirchlein St. Kathrein in der Scharte zählt zu den charakteristischen Wahrzeichen des Landschaftsbildes über Meran. Aus dem kleinen Dorf hat sich der beliebte Luftkurort für Sommergäste und das Skigebiet „Meran 2000" mit seinen idealen Möglichkeiten für den Wintersport entwickelt. Der Ort Hafling gab den berühmten Pferden seinen Namen!

St.-Kathrein-Kirchlein mit Haflinger Pferden
Chiesetta di S. Caterina e cavalli avelignesi

Sehenswert im Ort und in der Umgebung

Das **St.-Kathrein-Kirchlein** aus dem Jahr 1291, im 17. Jh. umgebaut. Die Kirche ist entweder nur durch eine Öffnung im Portal oder bei einer Führung (auf Anfrage, Tel. 0473/279457) zu besichtigen. – Prähistorisches **Steinrelief** an der Außenmauer der **Pfarrkirche zum hl. Johann.** – Das Zuchtgebiet der **Haflinger Pferde** im Reiterhof Sulfner in St. Kathrein. Besichtigung täglich kostenlos möglich. – Freistehendes gotisches **Sakramentshäuschen** am Zugang vom Locherweg zum „Nusserhof". – **Mineralienausstellung** in **Falzeben**.

Wanderungen und Bergtouren

Von St. Kathrein auf den Wegen Nr. 50 und 14 nach Falzeben, 1609 m, 1½ Std. – Von Falzeben auf Weg Nr. 14 zur Meraner Hütte, 1960 m, 1½ Std. Von dort auf den Wegen Nr. 13A, 17 und 17A zur Maiser Alm , 1783 m, 1½ Std. Zurück nach Hafling, insgesamt 5 Std. – Auf die Maiser Alm, 1783 m, zum größten Teil entlang des Almbaches (Weg Nr. 15A), 2 Std.; Rückweg über Falzeben (Weg Nr. 51), insgesamt 3½ Std. – Zur Leadner Alm, 1514 m: Südostwärts auf Weg Nr. 16 über den Gasthof Brunner, 1330 m, auf schöner Forststraße, 2 Std.; Rückweg nordwestlich am Hirschenbichl vorbei über den Lenkerhof, 1382 m, direkt oder über den Gasthof Alpenrose nach Hafling, Wege Nr. 11 und 12, insgesamt 4 Std. – Nach Vöran: Südlich von Hafling Dorf auf Weg Nr. 12; Abstecher auf den Rotensteinkogel, 1464 m (Wege Nr. 11 und 14), herrliche Aussicht von Bozen bis Meran; am Gipfel befindet sich das sogenannte „Knottnkino" (siehe unter **VÖRAN**); weiter über die Höfe Oberhauser und Steinmann nach Vöran, 2½ Std. – Auf den Hochsulfen, 1345 m, von St. Kathrein in ½ Std. – Zum Sulfnersee (besonders schön zur Zeit der Seerosenblüte!), ½ Std. – Nach Sarnthein: auf Weg Nr. 2 vom Dorf aus zur Wurzeralm, 1707 m, 1½ Std., und zur Vöraner Alm, 1873 m, 1 Std.; weiter zum Auener Joch, 1924 m, ¾ Std.; vorbei an der Auener Alm, 1798 m, und der Sarner Skihütte, immer auf Weg Nr. 2 und zum Ziel, insgesamt ca. 6 Std. – Vom Auener Joch nordwärts in ½ Std. zum Kreuzjoch, 2086 m, südostwärts in ½ Std. zu den Stoanernen Mandln, 2001 m, oder südwärts in 1 Std. zum Möltner Kaser, 1763 m, auf dem Europäischen Fernwanderweg E 5.

KUENS/CAINES **C 5**

Gemeinde, Provinz Bozen, Einwohner: 400, Höhe: 595 m, Postleitzahl: 39010. **Auskunft:** Tourismusverein Passeiertal. **Bahnstation:** Meran (5 km). **Busverbindung:** Meran – Kuens.

Kuens ist die kleinste Gemeinde Südtirols. Sie liegt über dem sogenannten Fineleloch beim Ausgang des Spronser Tales am Beginn des Passeiertales auf der Geländeterrasse nördlich von Dorf Tirol. Der Ort verdankt dem Glaubensboten St. Korbinian seine Gründung. Er wurde dort, an der damaligen bayerischen Grenze, um 713, aufgehalten und fand großen Gefallen an der Landschaft. Nach seiner Abdankung als Bischof von Freising kehrte er in diese Gegend zurück. Die Hofnamen Luitprant und Billing erinnern heute noch an die bayerische Besiedlung der Gegend.

In der Wärme fühlen sich die Schmetterlinge wohl!
L'ambiente ideale per le farfalle!

Sehenswert im Ort und in der Umgebung

Die **Pfarrkirche zu den hll. Mauritius und Korbinian** mit Wandmalereien und Sonnenuhr vom Beginn und aus der Mitte des 15. Jh. – **Schloss Tirol** und **Schloss Auer**: siehe **TIROL**. – Der schon 1386 urkundlich erwähnte **Kuenser Waal** hat bis heute seine wirtschaftliche Bedeutung erhalten! Der Finelebach, aus dem das Wasser für diesen Waalweg abgeleitet wird, hat seinen Ursprung bei den Spronser Seen in ca. 2200 m Seehöhe. So wurde der Finelebach abwechselnd an der rechten und linken Seite angezapft und Wasserwaale wurden gebaut. Heute verlaufen nahezu alle Wasserleitungen unterirdisch, nur der Kuenser Waalweg ist noch in seiner ursprünglichen Art erhalten. Der 2,5 km lange **Kuenser Waalweg** beginnt am Mutlechnerhof, 837 m, dem höchsten Hof von Kuens, und führt bis unterhalb des Longfallhofes, 1075 m. Der Wasserlauf fließt durch üppige Vegetation und durch den Waldboden. Dieser Waalweg ist eher schattig und deshalb auch an besonders heißen Tagen als Wanderung zu empfehlen!

Wanderungen und Bergtouren

Nach Dorf Tirol: Zuerst nordwestlich bis zum Finelebach, von dort in südlicher Richtung (Weg Nr. 9) in den Ort. Der Rückweg führt über das Schloss Auer, insgesamt 2 Std. – Zum Longfallhof, 1075 m: Nordwärts auf Weg Nr. 21 bis zur Einmündung in den Meraner Höhenweg/Weg Nr. 24; dann auf diesem westwärts zum Ziel, 1 Std. – Nach Meran: Entlang der Passer durch Obstgärten und Weinberge abwärts (Weg Nr. 5), 1 Std. – Zu den Spronser Seen: Auf den Wegen Nr. 21 und 24 zum Longfallhof, 1075 m. Von dort dem Finelebach entlang hinauf zur Bockerhütte, 1700 m, im Spronser Tal und auf Weg Nr. 6 zu den Seen, ca. 2350 m, 5 Std. – Auf den Hahnenkamm, 1804 m: Nordwärts am Weg Nr. 21A in 1½ Std. zum Gasthof Bergrast, 1187 m; von dort auf den Wegen Nr. 24 und 21 in 1 Std. auf den Gipfel (mittel). Abstieg: Weiter nach Norden am Weg Nr. 21 bis zur Wegkreuzung; dann am Weg Nr. 21A über den Gasthof Bergrast nach Kuens zurück, insgesamt ca. 8 Std.

LANA/LANA BC 6-7

Gemeinde, Provinz Bozen, Einwohner: 11230, Höhe: 300 – 1200 m, Postleitzahl: 39011. **Auskunft:** Tourismusverein Lana und Umgebung. **Bahnstation:** Lana – Burgstall (2,5 km). **Busverbindung:** nach Meran, Bozen und in das Ultental. **Bergbahnen:** Seilschwebebahn auf das Vigiljoch, Sessel- und Schlepplifte.

Die Gemeinde Lana setzt sich aus den Ortsteilen Ober-, Mitter- und Niederlana, 300 m, sowie den Fraktionen Völlan (Luftkurort), 696 m, Ackpfeif und Pawigl, 1200 m, zusammen. Bei Oberlana mündet das Ultental in das Etschtal, hier tritt der Falschauer Bach durch die wilde Gaulschlucht in die Ebene hinaus. Die vom Nonstal über das Gampenjoch (Passo Palade), 1518 m, führende Autostraße verläuft durch Lana und führt über Tscherms nach Meran. Dank des guten Klimas und der sorgfältigen Kultivierung sogenannter Möser (Auen) gilt Lana heute als das Zentrum des Südtiroler Obstbaues. Im Ort bestehen verschiedene Industriezweige für Obstverwertung, außerdem gibt es noch Holzverarbeitungsbetriebe. Ursprünglich der Grafschaft Trient zugehörend, wurde das Gebiet 1253 den Tiroler Grafen zugeschlagen. Der Deutsche Ritterorden errichtete hier 1215 seine „Ordensballei an der Etsch". Der Orden hat hier noch immer seinen Sitz. Die in Lana sesshaften Grafen Brandis zählten zu den einflussreichsten Adelsherren des Landes. Das Hotel Vigilius, 1450 m, im Nordwesten Lanas ist mit der Vigiljochbahn, einer Seilbahn, erreichbar und Ausgangspunkt zahlreicher Wanderungen.

Sehenswert im Ort und in der Umgebung

In **Niederlana** die dem Deutschen Ritterorden gehörende **alte Pfarrkirche Maria Himmelfahrt** mit einem der wertvollsten spätgotischen Flügelaltäre Tirols, dem Schnatterpeckaltar, einem Werk von Hans Schnatterpeck. Dieser Altar ist ein besonderer Anziehungspunkt. Er hat vom Fußboden bis zur höchsten Kreuzblume eine Höhe von 14.1 m und ist mit zahlreichen Figuren geschmückt. Er zählt zu den größten Altarwerken der Gotik. In der Fastenzeit bleibt der Altar geschlossen. Die Pfarrkirche wurde anstelle einer romanischen Kirche errichtet und 1492 geweiht. – Weiters in **Niederlana** das **Obstbaumuseum** im mittelalterlichen Ansitz Larchgut: auf 2000 m² Ausstellungsfläche umfassende Dokumentation zur geschichtlichen Entwicklung und der aktuellen Situation des Obstbaus in Südtirol. Öffnungszeiten: Mitte März – Anfang November, Montag – Freitag, 10 – 17 Uhr, Samstag 13 – 17 Uhr (nur April, Mai, September und Oktober). – In **Mit-**

Blick auf Lana/Veduta su Lana

Lust auf ...

Urlaub auf dem Bauernhof

bei den kreativen Bäuerinnen
in Lana

www.natuerlich-suedtirol.com

Lana: Schloss Braunsberg
Lana: Castel Braunsberg

terlana wurde die **Hl. Kreuz Kirche** 1938 erbaut; Orgelwerk, Turmdach „Lanaer Apfel". – Weiters in **Mitterlana** die **Margarethen-Kapelle**; dabei handelt es sich um eine Drei-Apsiden-Kirche im romanischen Stil mit einem umfangreichen Freskenzyklus aus der Zeit um 1215. 1965 und 1982 wurde die Kirche restauriert. Eine Besichtigung ist nur im Rahmen einer Ortsführung möglich. Die Kirche ist ein Geschenk von Kaiser Friedrich II. an den Deutschen Ritterorden. – Von April bis Ende Oktober finden **kulturgeschichtliche Ortsführungen** statt. Informationen beim Tourismusverein. – **Burgruine Brandis**, 12. Jh. (keine Besichtigung möglich). – Über der Gaulschlucht befindet sich das **Schloss Braunsberg** (keine Besichtigung möglich) mit der St.-Blasius-Kapelle. – **Schloss Leonburg**, 13. Jh. – **Mayenburg** (keine Besichtigung möglich). – In **Völlan** die **Pfarrkirche** mit sehenswerten Fresken. – Weiters in **Völlan** das interessante **Bauernmuseum**; gezeigt werden alte bäuerliche Geräte und Einrichtungsgegenstände. Öffnungszeiten: Ostern – Allerheiligen Dienstag + Freitag 14 – 17 Uhr, Sonntag 15 – 17 Uhr. – Das **St.-Hippolyt-Kirchlein**, 13. Jh. – Die **Gaulschlucht** (im Sommer finden hier Freilichtspiele statt). – Die **St.-Magnus-Kapelle** befindet sich am ehemaligen Gutshof des Benediktinerstiftes St. Mang/Füssen am alten Ultnerweg. Die Kreuzkuppelkirche wurde im 18. Jh. geweiht. Lebensgroße Plastiken der hll. Magnus, Benedikt und Scholastika sind am Hochaltar. Den Schlüssel für die Besichtigung der Kapelle gibt es im nahen Gagerserhof. – **Geologische Wanderungen** (April – Oktober): Von Völlan zum Völlaner Badl. Gezeigt werden verschiedene Gesteinsarten unterschiedlichen Alters. – **Obstwiesenwanderungen** mit Apfelverkostung (März – September). – Wanderung am **Kultur-** und **Naturlehrweg Aichberg**. – Eine Wanderung lohnt sich in **Völlan** am **Kastanienerlebnisweg** (Fotos, Informationen und Spiele rund um die Edelkastanie erwarten die Besucher; Länge: 2 km).

Wanderungen und Bergtouren

Von Oberlana in die Gaulschlucht: Über den Falschauer Bach auf der Straße Tscherms – Oberlana und flussaufwärts in die Schlucht, ½ Std. – Rundweg: Oberlana – Völlan – St.-Hippolyt-Kirchlein – Schloss Leonburg – Niederlana – Oberlana: Von Oberlana südwärts auf der Gampenjoch-Straße, nach ca. 500 m nach Rateis (Weg Nr. 6). Von dort (Wege Nr. 10B und 10) bis zur Fahrstraße und westlich vorbei an der Mayenburg, 1½ Std. Weiter auf Weg Nr. 10 nach Völlan, ½ Std. Am Weg Nr. 8 hinauf zum Obermayerhof und von dort zum St.-Hippolyt-Kirchlein, ½ Std. Nun den Hügel abwärts, am Tunnel der Gampenjoch-Straße vorbei, auf die Straße Naraun – Tisens, bis der Fahrweg zurück nach Niederlana abzweigt, vorbei am Plattnerhof, am Schloss Leonburg und an der Burgruine Brandis, immer auf Weg Nr. 5, 1¾ Std.; auf der Straße weiter zum Ausgangspunkt, insgesamt ca. 5 Std. – Auf die Naturnser Alm, 1910 m: Mit der Vigiljochbahn (Seilbahn) zum Hotel Vigilius, 1450 m. Von der Bergstation aus auf Weg Nr. 34 zum Vigiljoch, 1743 m, dann weiter auf den Wegen Nr. 9 und 30 zur Alm; zurück auf dem gleichen Weg, insgesamt 6 Std. – Auf den Laugen, 2434 m: Mit dem Autobus auf das Gampenjoch, 1518 m; von dort zweigt westwärts der Weg Nr. 133 (A.-Bonacossa-Weg) ab. Über den Laugenbach hinweg, an der Legerhütte und dem Laugensee vorbei zum Gipfel, ca. 3½ Std. (nur für Geübte). – Vom Gampenjoch ostwärts auf Weg Nr. 50 über das Mittagsschartl, 1647 m, auf den Tillberg, 1760 m, 1½ Std. (mittel).

MARLING/MARLENGO B 6

Gemeinde, Provinz Bozen, Einwohner: 2525, Höhe: 363 m, Postleitzahl: 39020. **Auskunft:** Tourismusverein Marling. **Bahnstation:** Meran. **Busverbindung:** nach Meran.

Die Gemeinde Marling am rechten Etschufer ist Meran unmittelbar benachbart. Durch ihre Lage am Fuß des Marlinger Berges ist sie windgeschützt und ermöglicht während der heißen Jahreszeit einen angenehmen Aufenthalt. Prächtige Bauernhöfe, sehr viele Pensionen und Gaststätten prägen das abwechslungsreiche Landschaftsbild zwischen den Weinbergen und Obstwiesen. Die Siedlung, die bereits im 13. Jh. als Merninga genannt wird, gehörte einst zur Grafschaft Eppan-Ulten. Mit dem Aussterben dieses Welfengeschlechtes erhielten die Grafen von Tirol Marling als Lehen und übernahmen es mit den benachbarten Ortschaften in ihr Burggrafenamt.

Sehenswert im Ort und in der Umgebung

Die neugotische **Pfarrkirche Maria Himmelfahrt** (1889). Von der ursprünglich romanischen Kirche sind nur mehr der Glockenturm und die als Sakristei dienende Seitenkapelle erhalten. Fresken und Holzskulpturen. Beim Umbau stieß man auf Reste einer alten Opferstätte. Sehenswert sind das Mosaik, die Kreuzwegstationen, die Kreuzigungsgruppe und die vier Reliefs aus dem 16. Jh. – Oberhalb vom Waalweg die **St.-Felix-Kapelle** (vor 1500) mit einem offenen Brunnen im Langhausboden, dem vom Volk Heilkräfte zugeschrieben werden. – Von April bis Oktober werden vom Tourismusverein **kunsthistorische Dorfführungen** angeboten. – Erholung am **Trimm-Dich-Pfad**. – Im Frühjahr und Spätsommer finden Begehungen des **Apfellehrpfades** sowie eine Besichtigung der Obstgenossenschaft Cofrum statt. – **Besichtigung** und **Verkostung** sind im Weingut Popphof, in der Burggräfler Weinkellerei und in der Privatbrennerei Unterthurner möglich. Informationen beim Tourismusverein!

Marling liegt an der Etsch/Marlengo si adagia sulle rive dell'Adige

Der Marlinger Waalweg

Die Karthäusermönche in Schnals konnten im Laufe der Jahrhunderte ihre wirtschaftliche Macht so weit ausdehnen, dass sie fast zwei Drittel der Schnalser Höfe und Almen in ihren Besitz brachten. Im 18. Jh. erwarb das Kloster auch einen Hof in Marling. Um diesen gewinnbringend bewirtschaften zu können, begannen die Mönche Waale für die Bewässerung zu bauen. Die Bauarbeiten dauerten von 1737 – 1757. Auch heute bringt der Waal immer noch Wasser nach Marling. Wenn er auch an manchen Stellen verrohrt und ausgebaut ist, so gehört sein Begleitweg doch zu den beliebtesten Wanderwegen im Burggrafenamt. Dieser 13 km lange Waalweg führt oberhalb Marlings von der Töll kommend längs des gleichnamigen Bewässerungs-Waales bis Oberlana (landschaftlich besonders reizvoll!), ca. 5 Std. Auf einem 2 km langen Teilstück des Waalweges wurde ein **Waldlehrpfad** eingerichtet. Dort kann man Interessantes und Neues rund um den Wald entdecken.

MERAN/MERANO BC 5

Stadtgemeinde, Provinz Bozen, Einwohner: 38 800, Höhe: 324 m, Postleitzahl: 39012. **Auskunft:** Marketinggesellschaft Meran, Gampenstraße 95 und Kurverwaltung Meran, Freiheitsstraße 45. **Bahnstation:** Meran (Zugverbindung nach Mals/Vinschgau und Bozen). **Busverbindung:** nach Naturns, Schlanders, Bozen, Fondo, in das Schnals-, Passeier- und Ultental. **Bergbahnen:** Zahlreiche Seilbahnen, Sessel- und Schlepplifte (Skigebiet Meran 2000).

Meran wurde von den Kelten gegründet. Die Namen der Ortsteile Ober- und Untermais erinnern an die lateinische Bezeichnung Castrum Maiense. Um Meran wirkte der Räter-Apostel St. Valentin; im Jahre 730 starb hier Korbinian, der erste Bischof von Freising. Die Grafen von Vinschgau erhielten Meran 1234 von den Bischöfen von Trient als Lehen. Zur Stadt erhoben wurde es 1317. Seit 1363 war Meran über 100 Jahre die Hauptstadt Tirols. Zur Zeit Andreas Hofers war es Schauplatz des Tiroler Freiheitskampfes (1809). 1814 wieder österreichisch, entwickelte sich die Stadt, besonders nach der Mitte des 19. Jh., zu einem Kurzentrum von internationalem Rang in einer herrlichen Erholungslandschaft. Das radonhaltige Heilwasser hilft bei Kreislaufstörungen, rheumatischen Erkrankungen, chronischen Gelenksleiden, chronischer Erkrankung der Atemwege, etc. Weltberühmt ist weiters die Meraner Kurtraube, ein bewährtes Kurmittel gegen Erkrankungen der inneren Organe. Im Herbst 2005 wurde die Therme Meran eröffnet!

Sehenswert in der Stadt und in der Umgebung

Die gotische **Stadtpfarrkirche St. Nikolaus** ist ein großer dreischiffiger Hallenbau. Der 83 m hohe Turm gilt als Wahrzeichen der Stadt. Von besonderer künstlerischer Bedeutung sind die Altäre und die Kanzel. – Hinter dieser Kirche die gotische **Barbara-Kapelle**, ein schöner achteckiger, zweigeschossiger Bau mit einem Sternrippengwölbe. – Der **Pulverturm** ist ein Bergfried der ehemaligen Burg Ortenstein, die 1327 erstmals erwähnt und 1629 als Pulver-Depot verwendet wurde. Von hier aus hat man eine schöne Aussicht auf die ganze Stadt. – Die **Spitalkirche zum Heiligen Geist** wurde im Jahr 1271 von Meinhard II., Graf von Tirol, gestiftet. Die Kirche wurde 1419 durch eine Überschwemmung der Passer völlig zerstört. Der Wiederaufbau wurde im Jahr 1483 vollendet. – Die **Landesfürstliche Burg** stammt aus dem 15. Jh.; sie war die Stadtresidenz von Herzog Sigmund. Sehenswert ist die gotische Einrichtung. Sie zählt zu den besterhaltenen und vollständigsten Burgen Südtirols! Sie zeigt historische Waffen und das Leben im Spätmittelalter. Öffnungszeiten: 1 Woche vor Ostern – 6. Januar, Dienstag – Samstag 11 – 17 Uhr, Sonntag und Feiertag 11 – 13 Uhr, Telefon: 0473/250329. – Das **Städtische Museum**: Lokalmuseum mit Abteilungen zur Ur- und Frühgeschichte (u. a. sind hier zwei Menhire, das sind Kultsteine ca. aus dem 2. Jahrtausend vor Christus zu sehen, die in Algund gefunden wurden!), Volkskunde, Mineraliensammlung, Skulpturen

Wasser- und Terrassengärten von Schloss Trauttmansdorff
I giardini acquatici e terrazzati di Castel Trauttmansdorff

aus der Gotik und Gemälde vom 17. – 20. Jh., vornehmlich Tiroler Herkunft. Das Museum wird voraussichtlich 2014 am Pfarrplatz eröffnet. – Im **Frauenmuseum** sind 200 Jahre Frauengeschichte durch Sammlerstücke dokumentiert: Frauenkleider, Accessoires und Alltagsgegenstände erzählen von den verschiedenen gesellschaftlichen Rollen und der Entwicklung der Frau, eine europaweit einzigartige Sammlung. Adresse: Meinhardstraße 2 (im Haus der Volksbank); Öffnungszeiten: Montag – Freitag 10 – 17 Uhr, Samstag 10 – 12.30 Uhr. – Das **Jüdische Museum** und die **Synagoge** (1901 in der heutigen Schillerstraße errichtet): Die jüdische Kultusgemeinde Meran war von ca. 1900 bis zum Ausbruch des 2. Weltkrieges von großer Bedeutung. Im Museum erhalten Sie Informationen über jüdisches Brauchtum, die Geschichte der jüdischen Kultusgemeinde in Meran und die Zeit der Judenverfolgungen. Öffnungszeiten: Ganzjährig, außer an jüdischen Feiertagen; Dienstag und Mittwoch 15 – 18 Uhr, Donnerstag und Freitag 9 – 12 Uhr. – **Andreas-Hofer-Denkmal**. – Sehenswerter **Altstadtbereich:** Das **Vinschgertor, Passeiertor** (hoher, schlanker Torturm mit Spitzbogentor und Giebeldach) und **Boznertor** (an der Südseite in Stein gemeißelte Wappen von Österreich, Tirol und der Stadt Meran) gehören zur alten Stadtbefestigung aus dem 15. Jh. – Weiters im Altstadtbereich die bekannten **Lauben**: Meinhard II., Graf von Tirol, ließ in der Mitte des 13. Jh. die Laubengassen errichten (400 m lang!), die den Pfarr- mit dem Kornplatz verbinden. Die Fassaden der Häuser wurden zwischen dem 16. und 17. Jh. größtenteils umgestaltet, häufig wurden sie mit Erkern ausgestattet und reich verziert. Die Lauben sind die Haupteinkaufstraße Merans. – Das **Kunst Haus Meran**: Auf einer Ausstellungsfläche von 500 m^2 werden im Haus der Sparkasse unter den Lauben (163) Ausstellungen, Konzerte, Lesungen, Seminare, etc. organisiert. Öffnungszeiten: Ganzjährig, Dienstag bis Sonntag 10 – 18 Uhr. – Das **Stadttheater** (nur bei Vorführungen, Konzerten, etc. zu besichtigen) ist ein architektonisches Juwel aus der frühen Jugendstilzeit mit klassizistischen Elementen. Es wurde 1901 nach Plänen des Münchner Architekten Martin Dülfer gebaut. Es beherbergt eine kleine, aber wertvolle Bibliothek mit den deutschsprachigen Texten aller Theaterstücke, die dort zwischen 1900 und 1930 aufgeführt wurden. – Das **Kurhaus** (nur bei Vorführungen, Konzerten, etc. zu besichtigen) ist ein prachtvoller Jugendstilbau nach Plänen des Architekten Friedrich Ohmann, das 1914 eröffnet wurde. Der große Kursaal hat 1000 Sitzplätze. Das Haus dient als Mehrzweck- und Kongress-

Psenner

Gasthaus-Bergstation
Unterstell Hof
SÜDTIROL
Naturns - Sonnenberg
MERANER HÖHENWEG
WANDERWEGE
Wandern am Nuturnser Sonnenberg bei Meran
Tel: 0473 - 667747
www.unterstellhof.com

Blick in die moderne Badehalle der Therme Meran/Interno delle moderne Terme di Merano

gebäude. – Die moderne **Therme Meran** liegt ein paar Gehminuten von den Lauben und der Kurpromenade entfernt. Architekt war Matteo Thun. Herzstück der Therme ist der gläserne Kubus. 25 Pools im Innen- und Außenbereich sowie acht Saunen bieten alle Facetten der Entspannung und Erholung. Verweilen kann man im Sommer auch im Thermenpark mit Seerosenteich und Badeparcours. – **Parkanlagen** und **Promenaden**: Z. B. der Marconi-, Schiller- und Maiserpark; der Tappeiner-Weg, Gilf-, Passer-, Sommer- und Winterpromenade. – **Zenoburg** (in Privatbesitz, nicht zu besichtigen), einstige römische Befestigungsanlage mit St.-Zeno-Kapelle. – **Schloss Winkel** (in Privatbesitz, nicht zu besichtigen), Renaissancebau, zeitweise Sitz der Herzogin Claudia Medici von Tirol. – **Schloss Rubein**, 13. Jh., Heimat des Minnesängers Berthold Rubein, der ein Schüler von Walther von der Vogelweide war. – **Schloss Rametz**, 13. Jh., inmitten berühmter Weinberge; **Museums- und Schlosskellereibesichtigung** mit fachkundiger **Weinverkostung** und **Weinverkauf**. – Die **Gärten von Schloss Trauttmansdorff**, Südtirols Ausflugsziel Nummer 1, zeigen von Anfang April bis Mitte November in einem natürlichen Amphitheater über 80 Gartenlandschaften mit Pflanzen aus aller Welt. Zahlreiche Erlebnisstationen und bunte Veranstaltungsreihen begeistern Jung und Alt und machen den Gartenbesuch zu einem Erlebnis für alle Sinne. Von der prachtvollen Blüte tausender Tulpen bis zur Herbstfärbung verwöhnen die Gärten immer wieder mit musikalisch-kulinarischen Highlights. Im Zentrum der Gärten thront das **Schloss**: Wo einst Kaiserin Elisabeth zur Winterkur weilte, zeigt heute das **Touriseum**, **Südtiroler Landesmuseum**

für Tourismus, 200 Jahre bewegte alpine Tourismusgeschichte. Öffnungszeiten: 29. März – 31. Oktober 9 – 19 Uhr, 1. – 15. November 9 – 17 Uhr, im Juni, Juli und August Freitag 9 – 23 Uhr. Kein Ruhetag! – Der **Sissi-Weg** führt von den Gärten bis in das Stadtzentrum von Meran. – Folgende **Schlösser** können nicht besichtigt werden, da sie sich in Privatbesitz befinden: Goyen, Knillenberg, Reichenbach, Planta, Burg Katzenstein, Forst. Folgende wurden zu Hotels umgebaut: Rundegg, Labers, Fragsburg. – **Österreichisch-ungarischer Soldatenfriedhof** aus dem 1. Weltkrieg und deutscher **Soldatenfriedhof** aus dem 2. Weltkrieg. – Zu besichtigen ist das **Schloss Tirol** (siehe **TIROL**). – Der **Meraner Pferderennplatz** (Gampenstraße 9) zählt zu den schönsten und größten Anlagen für Hürdenrennen in Europa. Die Rennsaison geht von Mitte Mai bis Mitte Juni und von Ende Juli bis Ende Oktober. Der „Große Preis von Meran“ findet am letzten Sonntag im September statt! – Die **Meranarena** (Gampenstraße 74) ist ein Mehrzweckgebäude mit Eislauf-, Schwimm- und Kletterhalle. – Der **Tennisclub Meran** (Piavestraße 46) bietet Plätze im Freien und in der Halle!

Wanderungen und Bergtouren

Rund um Meran auf dem Tappeiner-Weg und den Waalwegen: Bei der Postbrücke über die Passer und am orographisch rechten Ufer entlang in Serpentinen zur Zenoburgstraße; nun auf dem Tappeiner-Weg bis zur Straße Gratsch – Schloss Thurnstein, 1½ Std.; auf ihr weiter. Wo der Fußweg von St. Peter nach Gratsch einmündet, weiter auf dem Algunder und Plarser Waalweg zum Gasthaus Leiter am Waal, 1 Std. In 15 Minuten Abstieg zur Töll-Brücke; über die Etsch und entlang der Straße Töll – Forst zum Marlinger Waalweg. Auf diesem Weg (in den Fels gehauen, Trittsicherheit notwendig) an der Jausenstation Schönblick und südlich am St.-Felix-Kirchlein vorbei nach Marling. Von dort mit dem Autobus zurück nach Meran, insgesamt 4 Std. – Von der Pfarrkirche Meran zum Schloss Tirol: Über den Gasthof Traubenheim und den Küchelberg nach Dorf Tirol, 1¼ Std. Von dort (Weg Nr. 26) zur Stammburg Tirols; über St. Peter (Fresken, älteste Kirche des Burggrafenamtes) weiter nach Schloss Thurnstein, ¾ Std. Nun westwärts und über Algund zur Bushaltestelle beim Löwenwirt, insgesamt 3 Std. – Nach Oberlana: Zuerst in den Ort Marling und von dort auf dem Marlinger Waalweg zum Schloss Lebenberg, ¾ Std., und weiter bis der Fahrweg nach Tscherms kreuzt. Nun zum Weg Nr. 33 und über die Falschauerbrücke nach Oberlana, insgesamt 2 Std. – Zum Schloss Fragsburg und nach Burgstall verlässt man Meran beim Schießstand Obermais (Weg Nr. 1). Am Schloss Katzenstein vorbei und die Serpentinen hinauf zum Schloss, 1½ Std. Wieder zurück auf Weg Nr. 1, über den Sinichbach zur Weggabelung und hinab nach Burgstall, insgesamt 2½ Std. – Nach Schenna: Vom Passeiertor aus über die Passer, dann in Richtung Nordosten zum Ziel, ¾ Std. Zurück über Oberdorf nach St. Georgen und (Weg Nr. 18) südlich zum Schloss Goyen, ¾ Std.; über Schloss Labers und Schloss Rametz nach Meran/Obermais, insgesamt 2½ Std.

NATURNS/NATURNO — A 5-6

Gemeinde, Provinz Bozen, Einwohner: 5640, Höhe: 554 m, Postleitzahl: 39025. **Auskunft:** Tourismusverein Naturns. **Bahnstationen:** Naturns und Staben. **Busverbindung:** nach Meran, Schnals, Schlanders und Mals, weiter über den Reschenpass nach Landeck (Österreich). **Bergbahn**: Seilbahn Unterstell Naturns

Die ausführliche Ortsbeschreibung zu Naturns finden Sie im Textheft der KOMPASS-Wanderkarte 051 „Naturns – Latsch – Schnalstal“

Die Seilbahn Unterstell Naturns
La funivia Unterstell Naturno

St.-Prokulus-Kirchlein
Chiesetta di S. Procolo

Red Bartlett
ARS DISTILLANDI
PIRCHER
Red Bartlett
Williams
RED BARTLETT WILLIAMSBIRNEN EDELBRAND - ACQUAVITE DI PERE RED BARTLETT
RED BARTLETT PEAR SPIRIT - EAU DE VIE DE POIRE RED BARTLETT
PIRCHER
Red Bartlett
Williams
PIRCHER
Das Beste zum Schluss.
www.pircher.it

PARTSCHINS/PARCINES B 5

Gemeinde, Provinz Bozen, Einwohner: 3535, Höhe: 618 m, Postleitzahl: I-39020. **Auskunft:** Tourismusverein Partschins – Rabland – Töll. **Bahnstationen:** Töll und Rabland. **Busverbindung:** nach Meran und in den Vinschgau. **Bergbahnen:** Seilbahn Rabland – Aschbach. Texelbahn: Partschins – Giggelberg.

Teilweise noch im Vinschgau, teilweise bereits im Burggrafenamt liegt die Gemeinde Partschins am Fuß der zum Teil vergletscherten Texelgruppe. Die Fraktion Rabland (525 m) befindet sich im Talboden. Es handelt sich dabei vermutlich um eine uralte Siedlung am ehemaligen Venostenweg, auf dem später wohl die Linienführung der römischen Via Claudia Augusta aufbaute. Als wichtigste archäologische Funde werden ein bronzezeitliches Lappenbeil und ein römischer Meilenstein angesehen. An der Töll verlässt die Etsch den Vinschgau. Bei Partschins lag in der ersten Hälfte des 3. Jahrhunderts nach Christus eine römische Zollstation (Töll = telonium = Zollstätte). Hier verlief die Grenze der römischen Provinz Rätien. Die Fraktion **Töll** ist die letzte Siedlung im Haupttal. Der Vinschgau geht hier in einer rund 200 Meter hohen Steilstufe in den Meraner Talkessel über. Hier beginnt auch die Straße zum Hauptort Partschins (618 m). Das Dorf liegt auf einem mächtigen Murkegel. Vermutlich handelt es sich auch bei Partschins um eine sehr alte Siedlung.

Sehenswert im Ort und in der Umgebung

Im **Zieltal**, oberhalb des Dorfes, wurde der berühmte **Altar der Diana** gefunden, dessen lateinische Inschrift auf die Nähe einer Zollstation im 3. Jahrhundert nach Christus schließen lässt. Im Hochhuberhof ist eine **Marmortafel** eingelassen, die wohl als Grabstein gedient hat. Ein Römer namens M.U. Primigenius gedenkt darauf seines Sohnes Q. C. Eutropius. Ein weiterer archäologischer Fund, der sogenannte **Nemesis-Stein**, befindet sich heute im Städtischen Museum in Meran. – Im Mittelalter war das Dorf Sitz der Herren von Partschins, die Burg ging dann später auf das Geschlecht der Stachl über und wird seither **Stachlburg** genannt. – Die **Pfarrkirche St. Peter und Paul** ist ein spätgotischer Bau. Im Innenraum sind die schönen Skulpturen sehenswert. Teile eines Altares von Jörg Lederer sind zu besichtigen. – Unbedingt erwähnt werden muss hier der Zimmermann und Instrumentenmacher **Peter Mitterhofer**, der hier gewohnt hat. Er wird heute allgemein als der Erfinder der ersten funktionsfähigen **Schreibmaschine** anerkannt, auch wenn er selbst daraus keinen Nutzen ziehen konnte. Das **Schreibmaschinenmuseum**, benannt nach Peter Mitterhofer, hat Weltgeltung. Rund 1200 Exponate geben einen umfassenden Einblick in die

Auffahrt mit der Seilbahn/ Salita in funivia

über 100-jährige Entwicklungsgeschichte (1864 – 1980) der Schreibmaschine. – Im Juni 2005 wurde der **Kulturwanderweg Peter Mitterhofer** eröffnet. Der Weg wurde als Rundwanderweg angelegt. An 12 Stationen informieren Schautafeln über die Dorfgeschichte und Peter Mitterhofer. – Das **Schloss Spauregg** mit dem 170-jährigen **Mammutbaum** im **Park**. – Der **Gaudententurm** wurde 1357 erbaut. – In **Rabland** das **St.-Jakobs-Kirchlein** (1513). – In **Töll** das **St.-Helena-Kirchlein** (1416). – Bekannt wurde Partschins wegen seines angenehmen Klimas und auch wegen seines spektakulären **Wasserfalls.** Mit einer Fallhöhe von 97 m ist er der höchste Wasserfall Südtirols. Das Zieltal mündet, wie viele kleinere Nebentäler im Vinschgau auch, als Hängetal hoch über dem Haupttalboden. Der Zielbach stürzt sich zur Zeit der Schneeschmelze in einem einmaligen Schauspiel über die Geländestufe hinab. – Kostenlos geführte **Wanderungen** im **Naturpark Texelgruppe** und in der Umgebung. Informationen beim Tourismusverein. – Durch die **Texelbahn** ist es möglich den Meraner Höhenweg und viele Wanderziele ohne mühsamen Aufstieg zu errreichen. In nur 4,5 Minuten bringt Sie die moderne Seilbahn auf den Giggelberg, 1565 m. Während der Fahrt können Sie den Panoramablick auf die stolzen 3000-er der Texelgruppe und den Meraner Talkessel genießen. Dabei wird Sie nicht mal ein Seilbahnmast stören. Die Texelbahn saust in einem einzigen Spannfeld ohne Stütze zur Bergstation.

Wanderungen und Bergtouren

Zu den Wasserfällen des Zielbaches im Nordwesten von Partschins, 1 Std. – Zur Leiteralm, 1522 m: Oberhalb des nördlichen Ortsausganges ostwärts zur Jausenstation Saxner und durch den Wald zum Gasthaus Oberplatzer und weiter zur Alm, 3 Std. – Partschinser Höhenweg: Von Partschins aus auf dem Fahrweg zum Gasthaus Wasserfall, von dort ostwärts (Weg Nr. 26) nach Tabland (Gasthaus Prünster) und weiter über einen sonnigen Hang (schöne Aussicht auf Meran) zum Niederhaushof. Von diesem auf Weg Nr. 7A abwärts zu einem Fahrweg, welcher zurück nach Partschins führt, ca. 3½ Std. – Nach Dorf Tirol: Von Partschins auf dem Waalweg ostwärts zum Grasweger und weiter (Weg Nr. 7) zur Jausenstation Saxner und (Weg Nr. 26A) nach Vellau, 1½ Std. Nun über Pirbamegg (Weg Nr. 26) durch den Wald nach St. Peter und zum Schloss Tirol, 2 Std. In weiteren 20 Minuten zum Ziel. – Auf den Larchbühel, 1837 m: Vom Ortsteil Töll aus, entweder die Serpentinen des Fahrweges oder abkürzend den Hang hinauf, zum Gasthaus Niederhof und weiter (Weg Nr. 9) zum Gasthof Brünnl, 1 Std. und weiter nach St. Martin, 1267 m. Der Weg teilt sich ca. 100 m oberhalb der Kapelle; weiter auf Weg Nr. 9 über die Schwarze Lacke zum Gipfel, insgesamt 3 Std. Abstieg (Weg Nr. 28) über Aschbach hinab zur Etsch. Abstieg auch mit der Seilbahn möglich!

Bauer bei der Heuernte/Contadino alle prese con la raccolta del fieno

PLAUS/PLAUS B 5

Gemeinde, Provinz Bozen, Einwohner: 690, Höhe: 519 m, Postleitzahl: 39025. **Auskunft:** Tourismusverein Naturns. **Bahnstation:** Plaus. **Busverbindung:** nach Meran und Naturns.

Plaus liegt auf der südlichen Seite der Etsch in der Nachbarschaft des Ortes Naturns und ist nur 10 km von der bekannten Kurstadt Meran entfernt. Eine weitgedehnte Wiesenlandschaft, unterbrochen von Obstkulturen (Apfelplantagen), begleitet den Flusslauf zwischen Tschirland und Rabland. Inmitten dieser Ebene des Etschtalbeckens liegt die freundliche Ortschaft. Ihre Lage ermöglicht viele Spaziergänge und Wanderungen durch die Talsohle des unteren Vinschgaus. Der Name Plaus stammt vermutlich vom lateinischen Wort „palus", was Sumpf bedeutet.

Sehenswert im Ort und in der Umgebung

Die **Pfarrkirche zum hl. Ulrich**, bereits 1164 in einer Schenkungsurkunde des Churer Bischofs Egno erwähnt; die Kirche brannte im Jahr 1400 bis auf die Grundmauern ab. Erhalten blieb der massive romanische Glockenturm. Die neu erbaute, gotische Kirche, wurde im Jahr 1401 eingeweiht. Sehenswert sind die beiden barocken Gemälde des bekannten Vinschgauer Künstlers Simon Ybertrach (1694 – 1792). – Der **Plauser Totentanz**: In 11 Szenen hat der bekannte Vinschgauer Künstler Luis Stefan Stecher den Tod dargestellt. Die Sinnsprüche im Dialekt konfrontieren den Betrachter mit dem allgegenwärtigen Tod. Der Künstler malte bäuerliche Mentalität, Vinschgauer Geschichte, Lebensfreude, christliches Glaubensgut und die (Todes-)Gefahren unserer vielgepriesenen Mobilität in bestechenden Farben und in interessanter Aussagekraft auf die Friedhofmauer. – Ein besonders malerisches Bild bietet der alte **Dorfbrunnen** unter dem naturdenkmalgeschützten Ahornbaum.

Wanderungen und Bergtouren

Nach Rabland: Über die Etsch-Brücke und flussabwärts, 40 Min. – Nach Naturns: Über die Etsch-Brücke und flussaufwärts, ¾ Std. – Zum Schloss Dornsberg (= Tarantsberg): Schöner Waldweg dem Berghang entlang (nicht markiert), 1 Std. – Zur Bergstation der Aschbach-Seilbahn: Bis zum Holzer Weg Nr. 30A folgen, von dort zur Bergstation (Weg Nr. 16), 2 Std. – Zur Naturnser Alm, 1910 m: Von Plaus über Bergwiesen und durch Wälder (Weg Nr. 30A), steil, 3 Std.

RIFFIAN/RIFIANO C 4

Gemeinde, Provinz Bozen, Einwohner: 1360, Höhe: 504 m, Postleitzahl: 39010. **Auskunft:** Tourismusverein Passeiertal. **Bahnstation:** Meran (5 km). **Busverbindung:** Meran – Riffian – Moos. **Bergbahnen:** Seilbahnen und Sessellifte.

Am Eingang des geschichtsreichen Passeiertales, inmitten von Rebhängen, Obstwiesen und mächtigen Edelkastanien, liegt die Burggräfler Ortschaft Riffian. Die langgestreckte Siedlung liegt auf einer Höhenterrasse am Sockel eines sich zwischen dem Spronser und Falser Tal gegen das Passerbett vorschiebenden Hochgebirgsausläufers. Riffian ist der bekannteste Wallfahrtsort des Burggrafenamtes. Alte Bauerngehöfte und zahlreiche neu entstandene Villen sind in dem schmucken Ort eine glückliche Verbindung eingegangen.

Sehenswert im Ort und in der Umgebung

Die **Wallfahrtskirche zur Schmerzhaften Muttergottes** mit der **Gnadenkapelle**, 1310 erwähnt; der heutige Bau ist ein Barockbau aus dem Jahre 1671 nach den Plänen von Franz Delai. Der barocke Hochaltar ist ein Werk von Bartlmä Gratl und gilt als besonderes Meisterwerk unter den Altären Tirols. Besonders sehenswert ist die Pietà aus der Zeit um 1415 und der Taufstein (um 1400). In der **Gnadenkapelle** (= Friedhofskapelle) befinden sich bedeutungsvolle gotische Fresken aus dem 15. Jh. vom Meister Wenzeslaus. – Ein **Kreuzweg** führt zur Wallfahrtskirche: Die ausdrucksvollen Stationsbilder aus patinierter Bronze wurden 1958 von Guido Lezuo geschaffen. – Im Jubiläumsjahr 2010 (700 Jahre Wallfahrt) wurde entlang des landschaftlich reizvollen Waalweges der **Besinnungsweg „Zu den Sieben Schmerzen Mariens“** errichtet. – Der **Wezlhof** mit schönen Fassadenmalerein aus dem Jahr 1777. – In **Vernuer**: Das **Bergkirchlein zum hl. Johannes von Nepomuk** und die **Schalensteine.**

Wanderungen und Bergtouren

Zum Gasthof Hochegger, 820 m, in Vernuer, erreichbar auf den Wegen Nr. 5 und 10A, 1 Std. – Zum Gasthof Brunner, 1095 m, in Vernuer, erreichbar auf Weg Nr. 5, 1¾ Std. Abstieg auf den Wegen Nr. 24 und 21A. – Nach Schenna: Neben dem Infobüro Riffian-Kuens über den Passersteig bis zum Fußballplatz und über den Passersteg nach Schenna, 1¼ Std. – Nach Meran auf dem reizvollen Wiesenweg, Purenweg, Weg Nr. 5, 1½ Std. – Zum Obisellsee, 2160 m, von den Öbersthöfen über den Hahnenkamm, 1804 m, 2½ Std.

ST. PANKRAZ/S. PANCRAZIO B 7

Gemeinde, Provinz Bozen, Einwohner: 1560, Höhe: 730 m, Postleitzahl: 39010. **Auskunft:** Tourismusvereinigung Ultental – Proveis, Tourismusverein Deutschnonsberg. **Bahnstation:** Lana – Burgstall (14 km). **Busverbindung:** nach Meran und in das Ultental.

Die Gemeinde St. Pankraz ist die größte Siedlung des äußeren Ultentales. Das vom Kirchbach durchzogene Tal und das Marauntal münden hier in das Haupttal. Wiesen und prächtige Wälder, dazwischen alte und schöne Bauernhöfe, prägen die idyllische Landschaft. Wanderer und Bergsteiger finden eine reiche Auswahl an Spazier- und Wanderwegen und lohnenden Bergtouren.

Sehenswert im Ort und in der Umgebung

Die **Pfarrkirche St. Pankraz** ist die älteste Kirche des Ultentales; sie wurde um das Jahr 1000 errichtet und 1338 umgebaut. Im 11. Jh. gehörte sie zum Besitz des Klosters Weingarten. Sie besitzt einen 56 m hohen Turm. Am Turm Steingesimse und ein interessantes Zifferblatt, Wappen der Grafen Trapp. – Das **„Häusl am Stoan“,** ein kleines Häuschen auf einem riesigen Felsblock, das 1882 als einziges ein schweres Unwetter

Hof Unterstauda am Pankrazer See/Il maso Unterstauda

überstand und heute eines der kuriosesten Denkmäler im gesamten Alpenraum ist. – Die zweistöckige **Pestkapelle St. Sebastian**, 14. Jh. – **Schloss Eschenlohe**, ehemaliger Gerichtssitz, Stammschloss des gleichnamigen Grafengeschlechtes. – In der näheren Umgebung liegen auf dem Sonnenberg der **Weiler St. Helena** mit einer sehr alten **Kapelle** und das **Heilbad Mitterbad**.

Wanderungen und Bergtouren

Nach Mitterbad durch das Marauntal, 2 Std. – Auf das Hofmahdjoch, 1785 m: Über Mitterbad, den Laugenhof, 1327 m, und Aalach auf dem Weg Nr. 8 zum Joch, 3 Std. – Zum Guggenberger Alpl, 1705 m: Entlang der Fahrstraße zum Schloss Eschenlohe; Wege Nr. 2A und 2 über Gruben und Ecker zum Almgebiet, 2 Std. Die Besteigung des Rauhen Bühels, 2027 m, in weiteren 45 Min. (nur für Geübte). – Nach St. Helena, 1532 m, südwestwärts auf dem Weg Nr. 5, 2 Std. – Zur Inner-Falkomai Alm, 2051 m, und zu den Drei Seen: Durch das Kirchbachtal auf den Wegen Nr. 3 und 3A zur Alm und weiter auf dem Weg Nr. 8 zu den Seen, 5 – 6 Std. – Auf das Naturnser Hochjoch, 2443 m: Nach Westen, Weg Nr. 3, zum Bachmannhof und nordwärts weiter zur Staffler Alm, 1875 m

Das Häusl am Stoan/"Casetta sul sasso"

(Weg Nr. 6). In östlicher Richtung gelangt man über den Weg Nr. 1 zum Weg Nr. 9; auf diesem westwärts zum Gipfel, ca. 5 Std. (nur für Geübte). Abstiegsvariante: Weg Nr. 1 bis kurz vor die Außer-Falkomai Alm und zurück auf Weg Nr. 3 durch das Kirchbachtal zum Ausgangspunkt. – Auf den Laugen, 2434 m: a) Beim Gasthof Rössl über den Falschauer Bach und auf Weg Nr. 1 bis Roan; von dort auf Weg Nr. 25 zum Platzerer Jöchl, 1519 m; auf Weg Nr. 10 am Innerberg westlich vorbei auf steilem Pfad am Laugensee vorbei über Weg Nr. 8A zum Gipfel, 4½ Std. (nur für Geübte); b) Ab Mitterbad auf Weg Nr. 8 bzw. 8A über die Laugneralm, 1748 m, zum Laugenjöchl, 2050 m, und auf Weg Nr. 8A zum Gipfel, 4 Std.

SALTAUS/SALTUSIO – ST. MARTIN IN PASSEIER/S. MARTINO IN PASSIRIA C 3

Gemeinde, Provinz Bozen, Einwohner: 2830, Höhe: 595 m, Postleitzahl: 39010. **Auskunft**: Tourismusverein Passeiertal. **Bahnstation**: Meran (16 km). **Busverbindung:** nach Meran, Moos in Passeier/Hinterpasseier und Walten (Fraktion der Gemeinde St. Leonhard in Passeier). Von Mitte Juni bis Mitte September auf den Jaufenpass, 2099 m. **Bergbahn**: Hirzer-Seilbahn.

Saltaus ist ein Ortsteil von St. Martin in Passeier. Die ausführliche Ortsbeschreibung dazu finden Sie im Textheft der KOMPASS-Wanderkarte 044 „Passeiertal“.

Schenna/Scena

SCHENNA/SCENA C 5

Gemeinde, Provinz Bozen, Einwohner: 2850, Höhe: 600 m, Postleitzahl: 39017. **Auskunft:** Tourismusbüro Schenna. **Bahnstation:** Meran (5 km). **Busverbindung:** Meran – Schenna – Verdins. **Bergbahnen:** Seilbahnen und Sessellifte.

Das Dorf Schenna, ein beliebter Ferienort in unmittelbarer Nachbarschaft von Meran, duckt sich ein wenig in eine Mulde zu Füßen des den Meraner Kessel weit überschauenden Großen Ifingers, 2581 m. Die Obstkulturen, Weinberge und Kastanienhaine auf der Höhenterrasse stehen mit den dunklen Fichten und Tannen des Bannwaldes an den Hängen des Ifingerstocks in reizvollem Gegensatz. Die Wahrzeichen Schennas sind die Pfarrkirche mit dem benachbarten Mausoleum Erzherzog Johanns von Österreich und das Schloss Schenna. Wunderschön ist der Rundblick auf den gegenüberliegenden Küchelberg und die Dörfer an der Schwelle des Passeiertales zu Füßen der Mutspitz und des Hahnenkamms. Das Gemeindegebiet erstreckt sich über den Weiler Verdins bis nach Tall, jenseits der Masulschlucht.

Sehenswert im Ort und in der Umgebung

Das **Rathaus** an der Westseite des Dorfplatzes stammt aus dem Jahr 1549. – Die **alte Pfarrkirche Maria Aufnahme**; einschiffiger, ursprünglich romanischer Bau, noch am Turm und Langhaus erkennbar, um 1500 umgebaut. Der barocke Hochaltar mit den Statuen der hll. Franz Xaver und Johann Nepomuk wurde um 1730 errichtet und 1819 umgestaltet. Bei Renovierungsarbeiten in den Jahren 1975 – 1980 wurden kostbare Fresken aus der Zeit um 1400 freigelegt. – Die **neue Kirche** wurde 1914 begonnen und 1931 vollendet. Sehenswert sind die wertvollen geschnitzten Kreuzwegstationen und die neue Orgel (1993). – Am Friedhof die romanische **St.-Martins-Kapelle**, 1922 restauriert. – Neben der Pfarrkirche das **Mausoleum,** die Grabstätte von Erzherzog Johann, seiner Gemahlin Anna Plochl und seiner Familie. Es handelt sich dabei um einen neugotischen Bau (1860 – 1869 nach den Plänen des Wiener Architekten Prof. Moritz Wappler errichtet) aus rotem Sandstein und Granit aus dem Ifinger-Gebiet. Unterirdische Gruft mit schweren Kreuzrippengewölben. Veroneser Marmorsarkophag des Erherzogs und seiner Gemahlin. – **Schloss Schenna**, 1350 vom Tiroler Burggrafen und Günstling der Margareta Maultasch auf dem ihm vom Markgraf Ludwig von Brandenburg und Herzog von Bayern geschenkten „Gesaß auf dem Bichel" (Bühel) erbaut. Im Jahr 1844 erwarb Erzherzog Johann von Österreich das Schloss. Er vererbte es im Jahr 1859 seinen Nachkommen, den Grafen von Meran, die es auch heute noch besitzen und ein **Museum** errichteten. Das besondere Augenmerk des Museums gilt dem Aufstand unter Andreas Hofer im Jahre 1809, den zahlreichen eindrucksvollen Sammlungen, und zwar Waffen, Jagdtrophäen und Antiquitäten aber auch den Gemäldesammlungen und Kunstgegenständen in den sehenswert eingerichteten Renaissance- und Barocksälen. Öffnungszeiten: Ostern – Anfang November, Sonn- und Feiertage geschlossen. – **Schloss Goyen,** eine der ältesten privaten Burgen im Raum Meran; Entstehung unbekannt, wohl im 12. Jh.; ursprünglich Besitz der Milser (Milsertum), seit ca. 1920 im Besitz der Familie van Heek aus Holland. Sehenswerte Burghöfe, schöner Bergfried mit Ringmauern und Wohnturm. – Die romanische **Rundkirche zum hl. Georg** in Oberdorf bei Schenna, der Überlieferung nach einstige Burgkapelle von Alt-Schenna. Romanische und gotische Wandmalereien, u. a. das Leben und Martyrium des hl. Georg darstellend; auffallend das Stifterpaar, anscheinend ein Bauernknecht und Gattin; bedeutende Figuren am gotischen Flügelaltar. Sehenswert die seltene Darstellung der hl. Kummernus aus dem 17. Jh. – An der Pichlerstraße trifft man auf zum Teil 400 Jahre alte **Edelkastanienbäume**. – Die beiden Waalwege im Gemeindegebiet sind: Der 9 km lange **Maiser Waalweg**, der von

Mahd-Alm 2000m

von **mitte Mai bis November** geöffnet

kein Ruhetag!

Die Mahdalm ist bekannt für Ihre raffinierte Almküche mit vielen hauseigenen Produkten. Sie erreichen uns mit der Hirzerseilbahn von Saltaus in Passeier, sowie mit der Verdinserseilbahn von Schenna bei Meran, mit dem Auto von Saltaus bis Schweinsteg und dann bis Obertall bis zur Mittelstation. Es erwartet Sie ein wunderschönes Naturschauspiel direkt am europäischen Fernwanderweg E5.

Auf Ihr kommen freut sich
die Familie Mair

www.mahd-alm.eu
tel +39 339 468 78 04
Mahd-Alm - Familie Mair - Hirzergebiet - ITALY-39017 Schenna bei Meran

METZGEREI
PFÖSTL
...GUSTA
ONLINE-SHOP

Südtiroler Spezialitäten

Unser Betrieb ist geprägt zur Liebe zum guten Essen, zu edlen Produkten, dessen Produzenten man noch persönlich kennt. Wir legen viel Wert auf die Herkunft und Haltung der Tiere.

Wir bieten:

- *Selbstgemachten Speck*
- *Typische Südtiroler Kaminwurzen*
- *Hauseigene Salami*
- *Italienische Spezialitäten, aus fast jeder Region Italiens.*
- *Ein großes Käsesortiment, dass zu 90% aus Südtiroler Berg- und Hofkäse besteht.*

Eine kleine Vinothek mit edlen Weinen von Südtiroler Winzermeistern und guten Eigenbauweinen kleinerer Höfe, runden das vielfältige Angebot ab.

Liebevoll gestaltete Geschenkkörbe!

Gusta Service Metzgerei Pföstl
I-39017 SCHENNA
Tel. 0039 0473 945 664
Fax 0039 0473 943 893
info@gusta.it · www.gusta.it

Saltaus bis Obermais führt und 1472 erbaut wurde und bis heute großteils in seiner ursprünglichen Form erhalten blieb und der 7,5 km lange **Schenner Waal**, der von der Masulschlucht bis ins Naiftal führt, und 1733 errichtet wurde. – Weitere Sehenswürdigkeiten: Siehe **MERAN**.

Wanderungen

Zum Schloss Goyen über St. Georgen (Weg Nr. 18), ½ Std.; über Schloss Planta zurück, insgesamt 1½ Std. – Zum Gasthof Taser, 1450 m, an der Bergstation der Gondelbahn: Zunächst nordostwärts auf dem Fahrweg zum Roth, dann nördlich (Weg Nr. 18A) zum Laimer und weiter zum Gasthof, sehr lohnende Aussicht, 1½ Std. – Zu den Gasthöfen Egger und Gsteier: Zum Gehöft Roth und weiter (Weg Nr. 18) zum Egger, 1506 m, 2½ Std. Vom Egger südwärts (Weg Nr. 40) zum Gasthof Gsteier, 1372 m, im Naiftal, ¾ Std.; Abstieg (Wege Nr. 3 und 3A) nach Schenna zurück, insgesamt 5 Std.

TIROL/TIROLO C 5

Gemeinde, Provinz Bozen, Einwohner: 2480, Höhe: 596 m, Postleitzahl: 39019. **Auskunft:** Tourismusverein Dorf Tirol. **Bahnstation:** Meran (4 km). **Busverbindung:** Meran – Tirol. **Bergbahnen:** Seilbahn Dorf Tirol – Hochmuth, 1400 m; Sessellift Meran – Dorf Tirol.

Das Dorf mit seiner Kirche, den weiß leuchtenden Bauernhöfen und alten Edelsitzen, die Höhe des Küchelberges krönend, wirkt wie ein historisches Wahrzeichen über dem Meraner Kessel. Er war namensgebend für das Stammschloss und das ganze Land. Das Gemeindegebiet umfasst den Dorfkern mit dem Kirchen- und Waalviertel sowie die

Blick auf das Schloss Tirol/Veduta di Castel Tirolo

Geöffnet:

Montag Ruhetag

Dienstag ab 17.00 Uhr

Mittwoch – Sonntag von 10.00 - 24.00 Uhr

"Mit der Vinschgerbahn nach Latsch, von dort ca. 3 km zu Fuß..."

Fam. Toni Rinner · Valtneidweg 2 · I-39021 Latsch

www.bierkeller-latsch.com

Prantl

Jausenstation und Hofbrennerei Langwies

Ein bezaubernder Ort zum Rasten nach einer Wanderung oder um fröhliche Abende mit Freunden zu verbringen. Ideal auch für größere Feste und private Feiern. Es erwartet Sie ein gemütliches, gastfreundliches Haus mit großer Sonnenterrasse zum Entspannen und traumhaften Blick auf Naturns.

Wir verwöhnen Sie mit köstlichen Tiroler Spezialitäten und Qualitätsweinen und Schnäpsen aus der eigenen Produktion.

Familie Prantl
Schießstandweg 6
I - 39025 NATURNS (BZ)
Tel./Fax: +39 0473-667526
Handy: +39 335-1050268
E-Mail: info@jausenstation-langwies.com · www.jausenstation-langwies.com

Siedlungen Aich und Haslach. Es erstreckt sich bis zum Spronser Tal und zieht hinauf bis zu den Muthöfen, uralten einstigen Bergbauern-Schwaigen, die aus der bayerischen Siedlungsgeschichte stammen. Besonders malerisch wirkt der Dorfkern. Ein großer Teil von ihnen ist heute umgebaut und für den Tourismus eingerichtet.

Sehenswert im Ort und in der Umgebung

Die **Pfarrkirche zum hl. Johannes dem Täufer**, 1161 erwähnt, Anfänge aus vorkarolingischer Zeit; romanischer Turm mit Haube und Wappenmalereien aus dem 17. Jh.; gotischer Chor, 1370; Altar neugotisch 19. Jh.; Statuen 15. Jh.; Bilder von P. Troger und dem Hamburger F. Wasmann. – Das **Pfarrwidum,** mit Wappenmalereien (1450 – 1528). – Im **Schloss Thurnstein** sind ein Gasthof und Hotel untergebracht. – Die **Kirche zum hl. Rupertus** (Fresken aus dem 14. Jh.). – **Schloss Auer** (privat, nicht zu besichtigen), um 1300 erbaut; stimmungsvolle Einfahrt, Saal mit Wappen und Ahnenbildern, wertvolle gotische Stube. – **Schloss Tirol**, Stammschloss des Landes, Sitz der Grafen von Tirol, Fürstenresidenz im Stil der staufschen Reichsburgen aus dem 12. und 13. Jh., 1141 von den Grafen von Vinschgau erbaut, im 19. Jh. restauriert; Regierungssitz bis zum Ende der Regierung der Margareta Maultasch (1363); mit zweigeschossiger Schlosskapelle (Skulpturen, Wand- und Glasgemälde, Kupferstiche) und Rittersaal; romanische Bauplastiken an Portalen und Fenstern, gotischer Freskenschmuck. **Südtiroler Landesmuseum für Kultur- und Landesgeschichte**. Öffnungszeiten: Mitte März – Ende November (Montag Ruhetag), 10 – 17 Uhr; Telefon: 0473/220221. – **Schloss Brunnenburg,** 1253 erwähnt, zu Beginn des 19. Jh. nicht historisch stilgerecht neu aufgebaut. Seit 1974 sind darin das **Landwirtschaftsmuseum,** das sich mit Ethnologie, Volkskunde und Volkskunst befasst und anhand von Foto- und Filmdokumentationen Arbeitsprozesse in der Landwirtschaft und im Handwerk vorführt, und eine **Ezra-Pound-Gedächtnisstätte** untergebracht; 1958 – 1972 diente die Burg dem amerikanischen Dichter Ezra Pound als Wohnsitz. Öffnungszeiten: 1. April bis Anfang November (Freitag und Samstag geschlossen) 10.30 – 17.00 Uhr; Telefon: 0473/923533. – Das **Kirchlein St. Peter oberhalb Gratsch** stammt aus dem 5. Jh. und birgt karolingische Fresken.

Wanderungen und Bergtouren

Ab Dorf Tirol: Zum Schloss Thurnstein (Gasthof und Hotel)) über Schloss Tirol und St. Peter, 1 Std.; weiter absteigend auf Weg Nr. 29A zum 6 km langen Algunder Waalweg und nach Algund/Oberplars, ca. 2 Std. – Nach Meran: Über die Haupt- und Segenbühelstraße, ¾ Std. – Nach Vellau über Schloss Tirol, Weg Nr. 26, und Pirpamegg, 1¾ Std. – Zum Longfallhof, 1075 m: Ab Tiroler Kreuz auf Weg Nr. 6, ca. 1 Std. – Rundwanderung Herrschaftsweg: zum Schloss Tirol auf Weg Nr. 26, dann rechts auf den Herrschaftsweg und zum Farmerkreuz und Abstieg nach Tirol, 3 Std. – Auf die Mutspitz, 2294 m: mit der Seilbahn nach Hochmuth und auf den Gipfel, 2½ Std.

TSCHERMS/CERMES BC 6

Gemeinde, Provinz Bozen, Einwohner: 1405, Höhe: 292 m, Postleitzahl: 39010. **Auskunft:** Tourismusverein Lana und Umgebung. **Bahnstation:** Meran (4 km). **Busverbindung:** Meran – Tscherms – Oberlana.

Das Dorf Tscherms liegt inmitten von Weinbergen und Obstkulturen an der Autostraße von Meran nach Lana. Beherrscht wird das Dorfbild vom Schloss Lebenberg, einer stattlichen Burganlage, die sich auf einem Hügel vor den Hängen des Marlinger Berges erhebt.

Sehenswert im Ort und in der Umgebung

Die **St.-Sebastian-Kirche** und die **St.-Anna-Kirche**. – Das **Schloss Lebenberg** gilt als einer der schönsten Ansitze im Burggrafenamt und wurde im 13. Jh. von den Herren von Marling erbaut, von 1426 – 1828 im Besitz der Grafen Fuchs, heute Eigentum der Fa-

Tscherms: Schloss Lebenberg/Cermes: Castel Lebenberg

milie van Rossem. Sehr ausgedehnte Burganlage mit dreigeschossiger Kapelle aus dem 14. Jh., mit malerischen Innenhöfen, französischem Ziergarten, Spiegelsaal im Rokokostil und Rittersaal mit einmalig großen fuchsischem Figurenstammbaum, 12 Generationen und 264 Figuren umfassend, sowie vollständig eingerichtete Räumlichkeiten, Bauernzimmer mit gotischen Bauernmöbeln sowie Waffensaal, sehenswerte Holz- und Stuckdecken. Öffnungszeiten: März bis Oktober, Montag – Samstag 10.30 – 12.30, 14 – 16.30 Uhr, Sonntag geschlossen. – Ein Besuch lohnt sich im spannenden und interessanten **Labyrinthgarten im Ansitz Kränzel**, der aus dem Jahre 1400 stammt und heute im Besitz der Grafen Pfeil ist. Am Kränzelhof werden gute Weine gekeltert. Jeden Mittwoch um 16 Uhr findet eine weinkundliche Führung und Weinverkostung statt. Der Kastaniengarten, der Ewige-Ruhe-Garten, der Früchtegarten und das Cornuswäldchen laden zum Verweilen ein. Das Labyrinth erstreckt sich über eine Fläche von 3300 m². Öffnungszeiten: Anfang April – Anfang November: 10 – 19 Uhr. – Weitere Sehenswürdigkeiten siehe **MARLING**.

Wanderungen und Bergtouren

Nach Marling auf dem herrlichen Marlinger Waalweg: dem Raffeinweg entlang, zum Tagfeithof 1½ Std. bzw. über Basling ca. ¾ Std. – Rundweg: Über den Raffeinweg bis zum Waalweg, nun nach Nordwesten bergan über den Weg Nr. 33A zur Jausenstation Hofer, 812 m, und weiter zum Gasthof Tschigg, Weg Nr. 31A. Die Fahrstraße bergab zum Gasthof Waalheim und auf dem Marlinger Waalweg zurück zum Schloss Lebenberg und über Basling zurück. Gehzeit insgesamt ca. 4½ Std. – Rundweg: Nach Oberlana, mit der Seilbahn zum Hotel Vigilius, 1450 m, dann ca. 20 Minuten auf dem Weg Nr. 33, dann rechts abbiegen und über die Weg Nr. 33 und 33A bergab zur Jausenstation Hofer, 812 m, vorbei an der Ruine Holdersberg und zum Schloss Lebenberg und über Basling zurück. Gehzeit ingesamt ca. 3 Std.

VÖRAN/VERANO C 6

Gemeinde, Provinz Bozen, Einwohner: 930, Höhe: 1129 m, Postleitzahl: 39010. **Auskunft:** Tourismusverein Hafling – Vöran – Meran 2000. **Bahnstation:** Lana – Burgstall. **Busverbindung:** Vöran – Hafling – Meran. **Bergbahn:** Seilbahn Burgstall/Staffler – Vöran.

Die Gemeinde bildet die Grenze des Burggrafenamtes auf der Mittelgebirgsterrasse des Tschögglberges. Vöran ist eine der vier Gemeinden auf dem Tschögglberg. Sie ist mit dem Etschtal durch die Seilbahn Burgstall/Staffler – Vöran und die Straßen Meran – Hafling oder Terlan – Mölten verbunden. Der Name „Feran" taucht bereits in der Zeit zwischen 800 – 1000 n. Chr. auf. Inmitten herrlicher Bergwiesen und sanfter Kuppen gelegen, zählt die Landschaft um Vöran zu den beliebtesten Ausflugszielen der Meraner und Bozner Gäste.

Sehenswert im Ort und in der Umgebung

Die **Kirche,** 1330 als Kuratialkirche errichtet, mit spätgotischen Spitzbogentüren. Die Flachbogenfenster und die Tonnenwölbung stammen aus einem Umbau in der Barockzeit. – Sehenswert sind die **Strohdächer** an einzelnen Scheunen am Tschögglberg. Zeugen bayuwarischer Abstammung. – Ganz eigenartig und auffällig wirken die **Porphyr-Rundfelsen** (Tuffformationen) wie der Rotensteinkogel, Beimstein- und Untersteinkogel: Herrliche Aussicht von allen drei Gipfeln! – Am **Rotensteinkogel**, 1464 m, befindet sich das sogenannte **„Knottnkino"**. Dieses Kino wurde vom Künstler Franz Messner im Jahr 2000 errichtet. Über 30 Sitzplätze aus Stahl und Kastanienholz, die an jene eines alten Kinos erinnern, wurden dafür auf einem kleinen Felsvorsprung, die Südtiroler nennen es „Knottn", aufgestellt. Und sobald Sie Platz genommen haben, kann der Film auch schon losgehen: vor Ihnen zeigt sich ein atemberaubendes Panorama auf das gesamte Etschtal, den Penegal, die Dolomiten, das Weißhorn, das Ultental, die Texelgruppe, das Meraner Becken und das Passeiertal.

Wanderungen und Bergtouren

Nach Schlaneid: Auf Weg Nr. 13 zuerst ostwärts über den Aschler Bach hinweg, dann südwärts über St. Ulrich (Wege Nr. 15 und 15B) zum Ziel, 2 Std. – Nach Mölten: Nach Osten (Weg Nr. 1) über den Gasthof Grüner Baum bis Aschl; von dort (Weg Nr. 14) durch den Wald nach Mölten, 1½ Std. Rückweg (Weg Nr. 13) nach Vöran, insgesamt 3 Std. – Nach Meran (Weg Nr. 1): An vielen Höfen vorbei zum Sinichbach, 1½ Std.; jenseits des Baches die Fahrstraße entlang zum Schloss Katzenstein und nach Obermais, 2½ Std. – Nach Gargazon auf Weg Nr. 4 hinab, 1½ Std. – Auf das Kreuzjoch, 2086 m: Auf Weg Nr. 1 zum Gasthof Grüner Baum und auf Weg Nr. 16 weiter zur Leadner Alm, 1514 m, 1¼ Std.; von dort ostwärts auf Weg Nr. 11 auf das Auener Joch, 1924 m, und von dort nordwärts zum Gipfel (Weg Nr. 4); insgesamt 3 Std. (leicht). Abstieg: Auf Weg Nr. 5 über den Westhang zur Vöraner Alm, 1873 m; von dort ein Abstecher auf das Vöraner Joch, 1941 m, leicht möglich; Rückweg nach Vöran (Wege Nr. 11A und 11) über die Leadner Alm. – Rundtour auf dem Höhenrücken des Tschögglberges: Vom Gasthof Grüner Baum morgens mit Bus über Hafling nach Falzeben, 1609 m, Aufstieg (oder Bahn) zum Berggasthof Piffinger Köpfl, 1980 m, auf Weg Nr. 3 bis Weidmannalm, Kirchsteigeralm (Weg 18A), über die Meraner Hütte auf dem E 5 (Weg Nr. 4) zum Auener Joch, 1924 m, Abstieg auf Weg Nr. 2 zur Vöraner Alm, 1873 m. Weiter über Weg Nr. 2A, 11A und 11 über die Leadner Alm, 1514 m, zum Gasthof Grünen Baum (Weg Nr. 16); insgesamt 4 – 4½ Std.

MuseumPasseier
MuseoPassiria
Andreas
Hofer
Helden&Hofer / Volkskunde / Freilicht
Eroi & Hofer / Etnologia / museo all´aperto
SANDHOF
St. Leonhard
SanLeonardo
www.museum.passeier.it
Passeiertal
TOURISMUSVEREIN Passeier
associazione turistica
+39 0473 656188
www.passeiertal.it
MOOSEUM
BUNKER
Steinböcke_Gebirgsvögel_Archäologie
Zeitgeschichte_Schneeberg_Klettergarten
stambecchi_uccelli_archeologia
storia_Monteneve_arrampicata
NATURPARK
TEXELGRUPPE
PARCO NATURALE
GRUPPO DI TESSA
Moos-Dorf-Hinterpasseier/Moso-Paese-AltaValPassiria
www.bunker-mooseum.it

I Giardini di Castel Trauttmansdorff/Die Gärten von Schloss Trauttmansdorff

La carta turistica KOMPASS 1:50 000, foglio n. 53 „Merano e dintorni“, raffigura il territorio del corso dell'Adige, dalla media Val Venosta fino alla conca meranese e la continuazione del corso del fiume che si articola in direzione sud-est, attraverso la pianura che porta il suo nome. Le alte catene montuose a nord, a est e ad ovest dell'Adige completano la rimanente parte della cartina assieme ai gradini di mezza montagna, ad esse anteposti e alle valli che le attraversano. Alla confluenza dell'Adige e dell'Isarco si apre la conca bolzanina. Da ovest si collega ad essa l'altopiano d'Oltradige ai piedi della catena della Mendola. Ad eccezione dell'alta Val di Non, che è situata in territorio trentino, il rimanente territorio raffigurato fa parte della Provincia Autonoma di Bolzano.
Fino allo stretto gomito dell'Adige, presso il torrente di Tel/Töllgraben, sopra Merano, il fiume è fiancheggiato sia a nord che a sud da imponenti catene montuose. A settentrione s'innalza la Giogaia di Tessa (Parco Naturale Gruppo di Tessa – v. ivi), simile ad un muro di roccia primitiva posto davanti alla catena delle Alpi Venoste. A sud del fiume troviamo i terminali nord-orientali del massiccio dell'Ortles. Nella conca meranese confluiscono tre valli: la Val Venosta, la Val Passiria e la Val d'Ultimo. Anche la Val Passiria è fiancheggiata da alte catene montuose. Sul suo lato occidentale si articola verso nord il cosiddetto complesso di Monteneve/Schneeberger Zug, mentre ad est si innalzano i monti Sarentini. Seguendo il corso dell'Adige da Merano a Bolzano la carta riporta la mezza montagna della piattaforma porfirica bolzanina caratterizzata dal colore verde vivace dei prati e dalle cime arrotondate ricoperte di boschi. La piattaforma si avvicina al letto dell'Adige da entrambi i lati e si estende a ovest da Caldaro fino a Lana e ad est, con il Monzoccolo/Tschögglberg, da S. Genesio fino ad Avelengo.

Cenni storici

La colonizzazione risale all'epoca preistorica. Si hanno tracce sicure dell'insediamento di ceppi indoeuropei tra il 1011 ed il 500 a.C. nel territorio dell'Adige superiore. Resti di rocche testimoniano che dopo l'invasione dei Celti, attorno al 400 a.C. si insediarono qui Venosti, Breoni o Genauni. Dopo l'anno 15 d.C. i Romani rimasero nel paese per ben 500 anni. Attraverso la loro cultura la popolazione venne romanizzata. Una parte importante ebbe comunque anche la diffusione della dottrina cristiana. Ai Romani seguirono gli Ostrogoti, indi i Longobardi e i Franchi. Di vitale importanza per il definitivo insediamento nell'alta valle dell'Adige fu l'occupazione da parte dei Baiuvari. Essi non scacciarono però la popolazione insediatasi, ma si mescolarono ad essa. Ancora oggi i toponimi tedeschi incrociati con parole romane testimoniano questa assimilazione. Punto centrale del territorio colonizzato tra la Val Venosta e il grande gomito del fiume Adige divenne il Burgraviato. Qui vennero riunite le comunità sorte nei dintorni di Merano. Nell'VIII secolo operò qui San Corbiniano, vescovo di Frisinga. Protettori del territorio furono dapprima i balivi bavaresi, poi quelli imperiali ed infine quelli vescovili. Dal 1141 i conti di Venosta nella veste di castellani presero il nome di „conti di Tirolo“. I conti di Appiano furono i loro grandi rivali. Questa stirpe imparentata con quella dei Welfen dominò la zona dell'odierno Oltradige, Bolzano e la Bassa Atesina, nonché parti della Valle d'Isarco, quali feudatari dell'impero, più tardi dei vescovi di Trento e di quelli brissinensi. A difesa del loro territorio contro gli attacchi dei conti di Appiano, i signori di Venosta eressero un castello fortificato nelle immediate vicinanze del confine del loro feudo. Sorse così Castel Tirolo, su di una rupe vicina al paese omonimo. Divenne il castello avito del „paese fra le montagne“ dal quale prese il nome. Dopo l'estinguersi dei conti di Appiano, il conte di Tirolo, Mainardo II, compagno d'armi di Federico Barbarossa e consorte della vedova dell'imperatore degli Hohenstaufen Corrado IV, divenne signore

supremo del Tirolo. Nel 1271, dopo essere riuscito ad appropriarsi della contea di Gorizia e a dividere il territorio con suo fratello, nacque il Tirolo. Il nuovo „Dominium comitatis Tyrolis“ si estendeva dalla chiusa di Rio Molino fino al Passo Resia e ancora oltre fino al fiume Inn. In poco tempo, dall'Oltradige fino all'alta Val Venosta sorsero un gran numero di castelli e insediamenti. Nei castelli regnarono valorose nonché ambiziose stirpi nobiliari che vennero assoggettate dal sovrano solo con estrema durezza. Sotto il dominio di Margareta Maultasch, nipote di Mainardo II, Merano e il Burgraviato conobbero il loro periodo più aureo, ma anche il più turbolento. Dopo il matrimonio fallito con il lussemburghese Giovanni di Boemia, Margareta Maultasch sposò a Merano, in presenza dell'imperatore Lodovico di Baviera, il figlio di questi, Lodovico di Brandeburgo. Al fasto delle nozze seguì la scomunica del papa a causa del matrimonio illegale. Questo periodo fu caratterizzato dalle spedizioni di guerra dell'imperatore Carlo IV, dagli assedi a Castel Tirolo, da incendi e saccheggi ed infine dal definitivo trionfo della battagliera Margareta. Nel 1363, dopo la morte del consorte e dell'unico figlio, la „sgraziata duchessa“ cedette il Tirolo al principe Rodolfo IV d'Asburgo. Da quel momento Merano con il Burgraviato e tutto il Tirolo appartennero al casato austriaco. Gli Asburgo regnarono per lo più a Innsbruck o addirittura fuori dal paese, perciò nel 1446, estintisi i conti di Tirolo, la sede delle autorità sovrane venne trasferita da Merano a Innsbruck. Numerosi monumenti, prevalentemente castelli e residenze nobiliari, siti in zone strategicamente importanti e in luoghi pittoreschi, testimoniano questo glorioso passato. Vale veramente la pena di visitarli, senza tralasciare gli edifici sacri con pregievoli opere d'arte gotiche, i musei e le varie collezioni d'arte.
Nel 1525, durante le rivolte contadine, a Merano ebbe luogo la famosa Dieta durante la quale Michael Gaismayr presentò la rivoluzionaria bozza di una nuova e democratica costituzione dell'impero. Trecento anni dopo, durante l'occupazione del Tirolo da parte dei Bavaresi nel corso delle guerre napoleoniche, Merano divenne il centro della resistenza spirituale, che raggiunse il suo culmine nella guerra di liberazione del 1809. S. Leonardo in Val Passiria, a 20 km da Merano, diede i natali all'eroe popolare Andreas Hofer. Gli „Schützen“ (cacciatori delle Alpi) della Val Passiria, del Burgraviato e della Val Venosta furono i più fidati seguaci di Hofer, oste della trattoria Sandwirt. Nella Val Passiria e attorno a Merano la battaglia contro i Bavaresi ed i Francesi ebbe una tragica fine. Hofer venne tenuto prigioniero a Merano, poi trasferito a Mantova, dove fu fucilato il 20 febbraio del 1810 dopo un processo sommario. Il territorio di Trento e Bolzano passò poi all'Italia. Nel 1813 l'Austria rientrò in possesso dell'Alto Adige e ciò fu confermato nel 1815 durante il Congresso di Vienna. Il 15 maggio 1915 l'Italia dichiarò guerra all'Impero austro-ungarico e l'Alto Adige fu teatro di duri combattimenti. Dopo la I guerra mondiale il territorio venne riannesso all'Italia nonostante il censimento del 1910 rivelasse una percentuale del 97% di lingua tedesca, senza considerare le valli ladine. Nel 1922 presero il potere i fascisti ed ebbe inizio una politica di italianizzazione coatta che vedeva assolutamente vietato l'uso del tedesco negli uffici e nelle scuole. Il territorio prese il nome di Venezia Tridentina e aveva come capoluogo la città di Trento. Venne eliminato anche il diritto del „maso chiuso“, istituito per proteggere i possedimenti rurali. Nel 1926 l'Alto Adige venne suddiviso in Bolzano, Trento e Belluno. Nel 1939 vi vennero insediati 100 000 italiani che portarono la percentuale di lingua italiana al 24%. Il trattato di Berlino, stipulato tra Hitler e Mussolini, le cosiddette opzioni, provocò l'emigrazione di 75000 sudtirolesi di cui solo 22000 rientrarono a fine guerra. Nel 1943 l'esercito tedesco prese possesso dell'intero Trentino-Alto Adige e costituì la „Zona d'operazioni delle Prealpi“ con sede nel Tirolo settentrionale. Nel 1945 la regione venne occupata dalle truppe americane e dal 1° gennaio 1946 essa viene nuovamente amministrata dall'Ita-

Cavalli al pascolo alla Innere Schwemmalm/Pferde auf der Inneren Schwemmalm

lia. Grazie all'Accordo di Parigi l'Alto Adige gode di diversi diritti (Trattato De Gasperi-Gruber). Esso prevede il bilinguismo ufficiale e l'autonomia amministrativa e culturale degli altoatesini. Il 12 maggio 1945 segnò la nascita del partito popolare sudtirolese (SVP), che raccoglie tuttora vari gruppi di lingua tedesca e ladina.
Nonostante l'accordo De Gasperi-Gruber, nel gennaio del 1948 l'Italia ratificò il primo Statuto di Autonomia per la nuova regione Trentino-Alto Adige. La lingua tedesca rimaneva lingua ausiliaria e gli impieghi statali rimanevano prerogativa degli italiani. All'inizio degli anni '60 l'Austria sottopose la questione altoatesina alle Nazioni Unite. Le prime trattative tra Austria ed Italia rimasero dapprima senza risultati e dopo la „notte di fuoco" dell'11 giugno 1961 gli attentati dinamitardi si moltiplicarono. Nel 1969 venne finalmente approvato il „Pacchetto". Questo prevedeva oltre 130 misure di tutela dei sudtirolesi in campo culturale, sociale, amministrativo ed economico. Alla Regione Trentino-Alto Adige viene aggiunta la Provincia Autonoma di Bolzano, con un proprio Consiglio provinciale. La popolazione di lingua italiana, ammontante ormai ad un terzo, ottenne misure per tutelare la propria minoranza etnica. La lingua tedesca divenne la seconda lingua ufficiale ed anche nel settore dell'impiego pubblico fu adottata la proporzionale etnica (un italiano su due tedeschi). Non venne invece accolta la richiesta principale riguardante la separazione dell'Alto Adige dal Trentino.
A sud del Passo Palade si trova il Deutschnonsberg, o Alta Val di Non, con le isole linguistiche tedesche di Senale - S. Felice, Lauregno e Proves. Nel XII secolo vennero fondati dai conti di Appiano i masi Schwaighof, dove si insediarono contadini tedeschi, rafforzati più tardi da minatori tedeschi. La comunità dei masi sottostava alla giurisdizione di Castelfondo. Nel 1265, il conte Mainardo II li unì alla contea del Tirolo. Essi appartennero per diversi anni alla provincia italiana di Trento e, dalla fine della seconda guerra mondiale, formano il confine linguistico sud-occidentale dell'area linguistica tedesca dell'Alto Adige.
Se da una parte era stata la Via Claudia Augusta dei Romani e la strada del valico del Giovo per Vipiteno ad aprire la conca meranese verso nord, è anche vero che la strada commerciale che arrivava da Bolzano collegava il Burgraviato con il Brennero e il sud. Altri valichi importanti sono stati aperti al traffico in tempi più recenti. Tra questi sono da annoverare la strada del Passo Palade per la Val di Non e la strada a pedaggio del Passo del Rombo, aperta solo in estate, che collega alla valle austriaca Ötztal.

Tra Merano e Bolzano esiste un collegamento ferroviario, che giunge fino a Malles, e diversi collegamenti stradali (superstrada n. 38 e strade regionali) che raggiungono l'Austria al Passo Resia. Ove un tempo i lungimiranti conti di Tirolo contribuirono energicamente all'unificazione del paese, più tardi l'audace spirito pionieristico di alcuni esperti medici concorse a creare l'odierna Merano. Furono il dott. Roman Weinberger, in funzione di sindaco, il dott. Sebastian Huber, nonché il dott. Franz Tappeiner che tra il 1850 e il 1912 gettarono le basi per la trasformazione di Merano in una città di cura. Si iniziò con le cure dell'uva e del siero del latte, poi vennero creati sanatori per malati di tubercolosi, elevando la città al rango di stazione climatica. Con il fenomeno del turismo di massa Merano conobbe uno sviluppo smisurato, incrementato ulteriormente dalla scoperta e dall'utilizzo di sorgenti radioattive presso S. Vigilio e a Quarazze. Per chi cerca riposo e soprattutto per gli amici della natura e per gli alpinisti questa regione meravigliosa è l'ideale.

Geologia

Dal punto di vista geologico la conca meranese offre singolari contrasti nelle sue formazioni. A nord domina la roccia primitiva. Strati scistosi provenienti dal massiccio dell'Ortles e dalla Venosta assieme a filladi di quarzo si intrecciano lungo il corso del fiume Passirio con il granito da un lato e con filladi di gneis dall'altro. Presso la cosiddetta faglia delle Giudicarie, alla commessura della crosta terrestre dei monti della Val di Non, scisti cristallini antichi si intrecciano con depositi calcarei di più recente formazione. Da ambedue i lati del corso dell'Adige, da Merano fino a Bolzano, la piattaforma porfirica bolzanina, già citata in precedenza, determina la struttura geologica. Al suo basamento settentrionale è anteposto, presso il Naifgraben, il blocco di tonalite del Picco Ivigna. Sovrapposizioni di arenaria nel suo fianco occidentale e strati di dolomia sovrapposta nell'area della Mendola verso l'Adige completano la struttura geologica così varia di questo paesaggio.

Flora e fauna

L'Adige rappresenta un'arteria vitale per le valli confluenti nella conca meranese e in quella bolzanina, ed influisce anche sul clima del paesaggio stesso. È infatti l'unico fiume delle Alpi che solca la loro catena principale. Questo favorisce l'afflusso di aria calda proveniente da sud fino alle valli laterali più alte. La catena principale della Alpi, simile ad un bastione, dal canto suo protegge la Valle dell'Adige dai venti freddi del nord. Il paesaggio, ben difeso dalla natura, gode così di tutti i vantaggi del clima mitigato da un caldo alito meridionale. Ben presto, dopo l'inizio dell'anno, il paesaggio si veste di primavera, mentre nella stagione estiva il bacino dell'Adige e le sue valli presentano una ricca vegetazione che in autunno fino all'inizio dell'inverno offre un'enorme ricchezza di frutti. La Giogaia di Tessa, posta alle porte della Val Venosta, con le sue vette alte fino a 3000 m, le vette dei Monti Sarentini con le cime arrotondate di mezza montagna ricche di boschi, nonché la catena della Mendola, formano uno scenario di incomparabile bellezza. Là dove dall'alto delle malghe scende il tappeto verde della flora di alta montagna, fino alle terrazze di mezza montagna, ha inizio il cosiddetto bordo meridionale. Pendii coltivati a vigneti e frutteti, castagneti e alberi di fichi ed infine palme ed altre piante mediterranee danno il cambio al verde scuro dei pini e larici ed al chiaro fogliame del bosco misto.

Gli appassionati di fotografia e gli amanti di botanica qui potranno sbizzarrirsi alla scoperta di prati fioriti e rapidi torrenti, lontano dagli impianti di risalita. Chi si mette in cammino già nelle prime ore della mattinata potrà forse avere la sorpresa di trovarsi di fronte al gallo cedrone, ormai raro, a camosci o marmotte, oppure potrà osservare i caprioli e i cervi nelle depressioni detritiche (Val di Fosse!).

Uno dei laghi di Sopranes ed il Gruppo di Tessa/Spronser Seengebiet und Texelgruppe

Parco Naturale Gruppo di Tessa
Il parco viene descritto dettagliatamente sul libretto allegato alla carta limitrofa KOMPASS n. 043 „Parco Naturale Gruppo di Tessa - Alta Via di Merano".

La Giogaia di Tessa
La Giogaia di Tessa, con le sue cime piramidiformi e le sue creste, si spinge come sottogruppo montano davanti al muro di roccia primitiva delle Alpi Venoste. Con i suoi ripidi fianchi e le sue vette innevate spesso anche in estate è una delle catene montuose più belle dell'Alto Adige. Una sua caratteristica è la ricchezza d'acqua. I maggiori rilievi sono la Cima Tessa, 3318 m, il M. Rosso/Rotegg, 3337 m, la Crodarossa meridionale/Südliche Rotwand, 3254 m, la Croda di Riotorbo/Trübwand, 3264 m, la Croda Nera/Schwarze Wand, 3170 m, la Cima Bianca/Hohe Weiße, 3278 m e la Cima Fiammante/Lodner, 3228 m. Un'alta valle, quella di Fosse, divide la Giogaia di Tessa dal crinale di Senales. Attraverso questa valle un sentiero conduce al Passo Gelato/Eisjöchl, 2895 m, e al Rif. Petrarca. Le cime e le creste sono spesso affiancate da enormi declivi detritici. Per le escursioni in cresta è necessario prestare molta attenzione a causa della roccia friabile. Le cime della Giogaia di Tessa sono accessibili tramite sentieri in parte ottimamente percorribili. In ogni caso molti di questi richiedono una certa resistenza fisica. Ciònonstante è possibile attraversare tutto il pendio meridionale del gruppo nell'arco di due giorni.

I Monti Sarentini (versante ovest)
I Monti Sarentini formano un ferro di cavallo ai due lati del torrente Talvera. Ad occidente si spingono verso le Valli dell'Adige e del Passirio. I loro terminali meridionali continuano nella piattaforma porfirica dell'altopiano di Avelengo, Saltusio e Renon. Numerosi impianti di risalita rendono accessibile questa zona montana particolarmente indicata per gli escursionisti e per gli sciatori. Le vette più elevate sono: il Picco Ivigna, 2581 m (simbolo di Merano), le Lastre di Verdins/Verdinser Plattenspitzen, 2680 m, la Punta Cervina/Hirzer, 2781 m, la Cima di Pegno/Pfandlspitze, 2538 m, la Punta dell'Alpetta/ Alplerspitze, 2748 m e la Guardia Alta/Hochwart, 2746 m. I Monti Sarentini non pre-

sentano formazioni glaciali. L'escursionista trova qui infinite possibilità per effettuare le più svariate passeggiate ed escursioni. Per chi pratica gli sport invernali, nelle molte stazioni sciistiche le piste garantiscono la neve fino a primavera inoltrata.

Le Maddalene e la Catena della Mendola

Le Maddalene/Nonsberg-Gruppe, parte delle propaggini del gruppo dell'Ortles, sono composte prevalentemente da scisti, gneis e quarzo e delimitate ad ovest di Proves dal Passo Castrin/Hofmahdjoch, 1785 m, sulla linea delle Giudicarie, e dalla Val Marano, a nord dal Rio Valsura fino alla sua confluenza con l'Adige e ad est dall'Adige. Ad est della linea delle Giudicarie ha inizio la piattaforma porfirica bolzanina, che culmina nel M. Luco/Laugen, 2434 m, mentre la catena della Mendola, tipica roccia calcarea, fa già parte delle Maddalene, l'alto gradino anteposto all'Ortler, all'Adamello ed al Gruppo di Brenta. I rilievi principali della Catena della Mendola riportati sulla carta sono il M. Macaion, 1868 m, e il Penegal, 1737 m. I monti di Proves culminano nella Cima degli Olmi/Ilmenspitze, 2657 m, al confine con il Trentino. Ai suoi piedi giace il ridente paesino di Marcena, frazione del Comune di Rumo.
Proves, situata sul Rio Pescara, e la località limitrofa di Lauregno, così come quelle di Senale e San Felice fanno parte del cosiddetto Deutschnonsberg, o Alta Val di Non, isola linguistica tedesca poco conosciuta e molto appartata. Senale e San Felice sono facilmente raggiungibili da Lana sulla strada per il Passo Palade, 1518 m, mentre Proves e Lauregno sono collegate dal 1999 per la nuova strada dalla Val d'Ultimo, che passa con un tunnel sotto Passo Castrin, 1785 m. Nonostante esse siano al margine della Provincia Autonoma di Bolzano hanno conservato la propria identità linguistica e culturale nella loro quotidianità. Il territorio a sud di queste tre località fa parte della Provincia di Trento. Queste valli sono scarsamente abitate, cosa che rende ancora più romantica la loro verginità. Il capoluogo dell'Alta Val di Non è la località di Fondo, costellata da alcune piccole località e frazioni, già aperte al turismo, al centro di un paesaggio assolutamente incantevole che attira più gli escursiosnisti che gli alpinisti.

La Val d'Ultimo

Si estende per circa 40 km dalle sorgenti del Rio Valsura, nella zona della Malga Fontana Bianca, fino alla Gola nei pressi di Lana di Sopra. A sud di S. Pancrazio sbocca la silenziosa Val Marano che collega a Proves tramite la strada con un tunnel sotto Passo Castrin. Particolarmente ricca di boschi, fiancheggiata da alte malghe e dalle creste del gruppo dell'Ortles sud-orientale, la Val d'Ultimo è famosa per la sua ricchezza di legname e per i suoi meravigliosi pascoli alpini, già noti per la loro notevole fertilità sin dal Medioevo. Anche in epoche successive pare che qui si allevassero fino a 20.000 pecore all'anno. Racchiusa in un paesaggio inizialmente monotono, tra rocce e boschi, la valle va sempre più allargandosi nella sua parte superiore, dove si trovano anche i grandi laghi artificiali: il Lago di Zoccolo e il Lago di Fontana Bianca/Weißbrunnsee. I più importanti nuclei abitati sono S. Valburga, S. Nicolò e S. Gertrude. Oltre alle località appena citate, soprattutto sui pendii rivolti a sud, si trovano numerosi masi, molti dei quali di antica data. Non è attendibile l'ipotesi secondo la quale il nome della valle derivi dal termine latino „ultima". L'origine del nome è invece più probabile che resti incerta. La popolazione della valle discende da antichi coloni provenienti dall'Abbazia di Weingarten in Svevia ed ha da sempre costituito una comunità chiusa sia sotto il profilo giuridico che religioso. Per lungo tempo i conti di Ultimo, ramo laterale dei conti di Appiano, furono i vassalli del luogo e, dal 1253, questa carica passò ai conti di Tirolo. Il Castello Eschenlohe, per lungo tempo residenza dei signori di Ultimo, è a circa 2 km da S. Pancrazio. Una strada porta attraverso S. Valburga alle frazioni superiori di S. Nicolò, S. Gertrude e oltre fino al Lago di Fontana Bianca/Weißbrunnsee.

Via Alpina

Con 341 tappe giornaliere, 5 diversi itinerari e oltre 5000 km di sentieri la Via Alpina invita alla scoperta di otto stati alpini: Principato di Monaco, Francia, Svizzera, Liechtenstein, Germania, Austria, Italia e Slovenia. Il percorso si svolge da Monaco a Trieste ad un'altitudine che varia da 0 a 3000 m lungo tutto l'arco alpino, attraverso 9 parchi nazionali, 17 parchi naturali, innumerevoli zone sotto tutela ambientale ed oltrepassa ben 60 volte i confini dei vari stati. Non presenta difficoltà tecniche notevoli ed è quindi agibile durante l'estate senza corde o ramponi, ma adeguatamente equipaggiati. Ogni tappa offre varie possibilità di pernottamento a valle o nei rifugi dei club alpini.
La convenzione stipulata dagli Stati alpini nel 1991 ha realizzato questo progetto allo scopo di incrementare durevolmente lo sviluppo e la presa di coscienza necessaria per la tutela dell'area alpina, così ecologicamente sensibile. Le Alpi infatti non rappresentano soltanto l'area naturale più grande d'Europa che dà rifugio e protezione ad innumerevoli specie di flora e fauna endemica di rara bellezza, bensì offre spazio anche a 13 milioni di persone, a popolazioni caratterizzate da tradizioni plurisecolari e da scambi culturali.
Sul sito www.via-alpina.org troverete ulteriori informazioni.

Una preghiera:
rispettate la natura non lasciando rifiuti in giro!

Kuppelwies am Zoggler Stausee/Pracupola e il Lago di Zoccolo

I Sentieri d'Acqua Meranesi

Le „rogge", in tedesco „Waale", sono canali d'irrigazione artificiali costruiti a partire dal XIII sec. L'etimo italiano è forse da collegare al lat. „arrigare" = irrigare, bagnare, mentre quello tedesco al lat. „aqualis" = corso d'acqua. Un sentierino adiacente, il cosiddetto „Waalweg", serviva alla manutenzione e cura della roggia. All'epoca i contadini unirono le proprie forze per la costruzione delle rogge con semplici mezzi tecnici dotandosi poi di un ingegnoso statuto per regolamentare la distribuzione dell'acqua.

Ancora oggi un addetto, il „Waaler", è incaricato di garantire il funzionamento del sistema e controllare l'equa distribuzione delle preziose risorse idriche. Questo vero e proprio bene culturale ha modellato l'agricoltura e con essa il paesaggio tanto quanto la vita quotidiana della popolazione locale. Oggi i sentieri che corrono lungo i canali d'irrigazione sono diventati belle mete escursionistiche, apprezzate tutto l'anno.

I Sentieri d'Acqua Meranesi abbracciano la conca di Merano e permettono di fare il giro attorno all'area meranese su 84 km ca., congiungendo 11 diversi sentieri delle rogge: quelli di Lagundo, Caines, Riffiano, Maia, Scena, Cermes, Marlengo, Parcines, Rablà, il Brandis di Lana e il Wallburgweg di Naturno. Ogni sentiero ha le proprie peculiarità e offre la possibilità di ammirare questo bene culturale in tutte le sue sfaccettature, scoprendo lungo il percorso non solo le casette degli addetti ed i campanelli delle rogge, ma anche castelli, chiese e meraviglie naturali come le piramidi di terra nel Comune di Tirolo.

I Sentieri d'Acqua Meranesi sono collegati tra loro da bellissime vie pedonali o sentieri tematici, come l'Herrschaftsweg di Tirolo o il Rittersteig a Naturno. Sono possibili anche innumerevoli varianti, che permettono ad esempio di evitare un tratto in ripida salita approfittando dell'autobus di linea, di visitare un museo o di fare una pausa al ristorante. Se si contano anche le varianti il percorso totale dei Sentieri d'Acqua Meranesi si estende a circa 100 km.

Il punto di partenza è presso Tel, all'ingresso della Val Venosta. Da qui il sentiero delle rogge di Lagundo conduce al paese di Tirolo, dove il sentiero delle rogge di Kuens prosegue lungo il lato della valle verso Riffiano. Qui il sentiero attraversa la Val Passiria presso Saltusio. Sul lato opposto della valle I sentieri delle rogge di Maia e Scena riportano in direzione sud fino a Naif, sopra Merano. Il sentiero prosegue, sempre leggermente sopra la valle, fino a Postal, dove si attraversa la conca in autobus fino a Lana. Qui il sentiero attraversa il paese e si congiunge al sentiero delle rogge di Brandis. Da Lana, percorrendo i sentieri delle rogge di Cermes e Marlengo si torna a Tel, dove è possibile percorrere il secondo anello dei Sentieri d'Acqua Meranesi. I sentieri delle rogge di Parcines e Rablà portano fino a Naturno, dove si attraversa nuovamente la valle. Sul lato opposto, il sentiero "Rittersteig" conduce nuovamente a Tel.

I Sentieri d'Acqua Meranesi sono percorribili tutto l'anno, in quanto si estendono non in altura bensì leggermente sopra la valle. In ogni stagione offrono uno splendido panorama di Merano e dintorni e in particolare consentono all'escursionista di passeggiare lungo le rogge anche quando altri sentieri come l'Alta Via di Merano sono ancora innevati. L'escursionista potrà dividere il sentiero in diverse tappe, completandolo nell'arco di circa 8 giorni, oppure percorrendone solo una parte come tour giornaliero.

1ª tappa: Tel - Caines, 11 km • 2ª tappa: Caines - Saltusio, 7.6 km • 3ª tappa: Saltusio - Val di Nova, 11 km • 4ª tappa: Val di Nova - Lana, 13 km • 5ª tappa: Lana - Tel, 13 km • 6ª tappa: Tel - Rablà, 6 km • 7ª tappa: Rablà - Naturno, 9.6 km • 8ª tappa: Naturno - Tel, 11 km

Val d'Ultimo/Ultental: Larcherberg

Le Alte Vie

Numerose le Alte Vie, p. es. l'Alta Via di Merano, l'Alta Via Tirolese/Tiroler Höhenweg, il Sentiero Europeo E 5, la Via Alpina e l'Alta Via della Dolomiti n. 10, non presentano grandi difficoltà per qualunque buon escursionista di montagna. Tuttavia per le possibili varianti che comprendono traversate di cime o ascensioni su vie ferrate occorre esperienza di montagna e sicurezza di passo. In ogni caso è molto importante disporre di un buon equipaggiamento di montagna formato da scarpe solide, indumenti caldi e protezione contro la pioggia, dato che i sentieri si sviluppano ad un'altezza media fra i 2000 e i 2500 m e che gli improvvisi cambiamenti di tempo si verificano in ogni stagione.

ELENCO DEI RIFUGI ED ALBERGHI ALPINI

Indicazioni non garantite! Prima di iniziare le escursioni consigliamo di informarsi a valle circa il periodo di apertura dei rifugi e sulle eventuali possibilità di pernottamento.
Troverete i numeri telefonici dei rifugi più importanti a pag. 106.
AVS = Alpenverein Südtirol

Date un'occhiata anche agli inserti pubblicitari nel testo tedesco!

Alpi Venoste e Giogaia di Tessa

Becchi, Rifugio dei (Bockerhütte), 1700 m (B 4), privato, CAP: 39019 Tirolo, aperto in estate. Accessi: da Tirolo, ore 3; dall'Albergo Tiroler Kreuz sul sentiero n. 6, ore 2.45; dalla Leiteralm (stazione a monte della cabinovia), ore 2. Cime: M. Muta/Mutspitz, 2294 m, ore 2; Cima Rossa/Spronser Rötelspitz, 2625 m, ore 3 (entrambe di media difficoltà).

Casera di Mezzo (Mitterkaser), 1954 m (A 3), privata, CAP: 39020 Senales/Val di Fosse, aperta in estate. Accesso: da Casera di Fuori/Vorderkaser (Albergo Jägerrast, 1693 m), 45 min. Traversata: al Maso Gelato, 45 min.

Cima Fiammante, Rifugio (Lodnerhütte), 2262 m (A 4), CAI, CAP: 39020 Parcines, aperto in estate. Accesso: da Parcines sul sentiero n. 8, ore 5. Traversate: al Rif. Petrarca per la Johannesschartl, 2854 m, ore 4; al Rif. Valico per il sentiero Franz-Huber-Steig, ore 4; al Rif. Nasereit, ore 1.45. Cime: Cima Rosa/Lazinser Rötelspitz, 3037 m, ore 2.30 (solo per esperti); M. Rosso/Rotegg, 3337 m, ore 3.30 (solo per esperti).

Gelato, Maso (Eishof-Alm), 2076 m (A 3), CAP: 39020 Senales/Val di Fosse, aperto in estate. Accesso: da Casera di Fuori/Vorderkaser (Albergo Jägerrast, 1693 m), ore 1.30. Traversata: al Rif. Petrarca sul sentiero n. 24/Alta Via di Merano, ore 2.30.

Guido Lammer, Bivacco (Guido-Lammer-Biwak), 2707 m (B 4), AVS, CAP: 39012 Merano, accessibile tutto l'anno. Accessi: da Parcines sul sentiero n. 7, ore 6; dalla Leiteralm, stazione a monte della cabinovia, sentiero n. 24/Alta Via di Merano e 7, ore 4.30. Traversate: al Rif. Cima Fiammante attraverso il Passo di Lazins/Halsljoch, 2808 m, sul sentiero n. 7, ore 2; al Rif. Valico attraverso Il Valico/Hochgangschartl, 2441 m, ore 2. Cima: Cima Rosa/Lazinser Rötelspitz, 3037 m, ore 1.30 (solo per esperti).

Hochwildehaus, 2866 m (A 2), Alpenverein, CAP: 6456 Obergurgl, Austria, aperto in primavera ed in estate. Accesso: da Obergurgl per il Rif. Langtalereckhütte, ore 4.30. Traversate: al Rif. Ramolhaus, ore 3; al Rif. Martin-Busch-Haus per lo Schalfjoch, ore 6. Cime: L'Altissima/Hochwilde, 3480 m, ore 4; Falschunggspitze, 3361 m, ore 3.30; Schalfkogel, 3540 m, ore 3.30 (tutte le ascensioni solo per esperti).

Jägerrast, Albergo Alpino, 1693 m (A 4), privato, CAP: 39020 Senales/Val di Fosse, aperto in estate. Accesso: da Certosa a piedi, ore 1.30, o anche in auto. Traversata: al Maso Gelato/Eishof-Alm, ore 1.30.

Langtalereckhütte (Karlsruher Hütte), 2450 m (A 2), Alpenverein, CAP: 6456 Obergurgl, Austria, aperto in primavera ed in estate. Accesso: da Obergurgl, ore 2.30. Traversate: al Rif. Hochwildehaus, ore 2; al Rif. Ramolhaus, ore 3. Cima: Cima di Vallelunga/Langtaler Jochspitz, 3154 m, ore 3.30 (solo per esperti).

Lazins, Malga di (Lazinser Alm), 1860 m (B 3), privata, CAP: 39010 Plan in Passiria, aperta in estate. Posto di ristoro nel Parco Naturale Gruppo di Tessa. Accesso: da Plan, 45 min.

Mitterkaser, v. Casera di Mezzo

Mutkopf, Albergo, 1684 m (B 4), privato, CAP: 39020 Parcines, aperto in estate. Accessi: dall'Albergo Tiroler Kreuz sul sentiero n. 23, ore 2.30; dalla Leiteralm, stazione a monte della cabinovia, 45 min.

Nasereit, Rifugio (Nasereit-Hütte), 1523 m (B 5), privato, CAP: 39020 Parcines, riapertura prevista per il 2014. Accesso: da Parcines sul sentiero n. 8, ore 2.30. Traversate: al Rif. Cima Fiammante, ore 2.15; al Rif. Valico per il sentiero n. 24/Alta Via di Merano, ore 3. Cima: Cima di Tel/Zielspitz, 3009 m, ore 4.30.

Petrarca, Rifugio Francesco (Stettiner Hütte, Eisjöchlhütte), 2875 m (A 3), CAI, CAP: 39010 Plan in Passiria (Comune Moso in Passira), aperto in estate. Accessi: dal Maso Gelato in Val di Fosse, ore 2.30; da Casera di Fuori/Vorderkaser (Albergo Jägerrast, 1693 m) per il Maso Gelato ed il Passo Gelato/Eisjöchl, 2895 m, ore 4; da Plan sul sentiero n. 24/Alta Via di Merano, ore 4. Traversata: al Rif. Cima Fiammante attraverso la Johannesschartl sul sentiero n. 8 (attraversamento di ghiacciaio), ore 4. Cime: l'Altissima, 3480 m, ore 2 (solo per esperti); Cima Bianca Grande/Hohe Weiße, 3278 m, ore 2.30 (solo per esperti).

Plan, Rifugio (Zwickauer Hütte, Planfernerhütte), 2979 m (B 2), CAI, CAP: 39010 Plan in Passiria, aperto in estate. Accesso: da Plan, ore 4. Traversata: al Rif. Petrarca, ore 3. Cime: Cima delle Anime/Hinterer Seelenkogel, 3489 m, ore 1.30 (media difficoltà); Cima di Plan/Rotmooskogel, 3335 m, ore 2.30 (ghiacciaio, solo per esperti).

Ramolhaus, 3006 m (A 2), Alpenverein, CAP: 6456 Obergurgl, Austria, aperto in estate. Accesso: da Obergurgl, ore 4. Traversate: al Rif. Langtalereckhütte, ore 2; al Rif. Hochwildehaus, ore 1.30; a Vent, ore 3 (solo per esperti). Cime: Großer Ramolkogel, 3549 m, si accede al Ramoljoch su una lunga e alta scala, ore 2.30; Mittlerer Spiegelkogel, 3311 m, ore 2; Schalfkogel, 3540 m, ore 3; Firmisanschneide, 3490 m, ore 2.30 (tutte le ascensioni solo per esperti).

Valico, Rifugio (Hochganghaus), 1839 m (B 4), privato, CAP: 39020 Parcines, aperto in estate. Accessi: da Parcines sui sentieri n. 7A e 7, ore 3; dalla Leiteralm, stazione a monte della cabinovia sul sentiero n. 24/Alta Via di Merano, ore 1. Traversate: al Rif. Cima Fiammante per il sentiero Franz-Huber-Steig, ore 4; al Rif. Nasereit sul sentiero n. 24/Alta Via di Merano, ore 1.45; al laghi di Sopranes per Il Valico/Hochgangschartl, ore 1.45. Cima: Cima Rossa/Spronser Rötelspitz, 2625 m, ore 2.30 (solo per esperti, necessaria assoluta mancanza di vertigini).

Le Maddalene e Catena della Mendola

Buco del Topo, Malga (Frantschalm o Mauslochalm), 1835 m (A 6), privata, CAP: 39025 Naturno, aperta in estate. Accesso: da Kreuzbrünnl, ore 1.30. Traversate: alla Zetnalm, 45 min.; alla Malga di Tablà, 45 min. Cima: Guardia Alta/Naturnser Hochwart, 2608 m, ore 2.30 (solo per esperti).

Marzon, Malga di (Marzoner Alm), 1595 m (A 6), privata, CAP: 39025 Naturno, aperta in estate. Accesso: dal parcheggio sopra la località di Montefranco/Freiberg, 45 min.

Naturno, Malga di (Naturnser Alm), 1910 m (B 6), privata, CAP: 39025 Naturno, aperta in estate. Accessi: dal Dosso dei Larici/Larchbühel, stazione a monte della seggiovia Vigiljoch, ore 1.15; da Rio Lagundo/Aschbach, ore 1.30. Traversate: al posto di ristoro Jausenstation Seespitz, ore 2; alla Zetnalm, ore 1. Cima: Guardia Alta, 2608 m, ore 3.30 (solo per esperti).

Tablà, Malga di (Tablander Alm), 1758 m (A 7), privata, CAP: 39025 Naturno, aperta in estate. Accessi: dal parcheggio di Montefontana/Tomberg, ore 1.30; da Montefranco/Freiberg per la Malga di Marzon, ore 1. Traversata: alla Malga Buco del Topo, 45 min. Cima: Guardia Alta, 2608 m, ore 3 (solo per esperti).

Vigilius Mountain Resort, Albergo Alpino, 1450 m (B 6), privato, CAP: 39011 Lana, aperto in estate e in inverno. Accesso: con la funivia da Lana di Sopra. Traversata: al posto di ristoro Jausenstation Seespitz, ore 1. Cima: Guardia Alta, 2608 m, ore 4.30 (solo per esperti).

Zetnalm, 1747 m (A 6), privata, CAP: 39025 Naturno, aperta in estate. Accesso: da Kreuzbrünnl, 45 min. Traversata: alla Malga di Naturno, ore 1.

Monti Sarentini

di dentro, Malga (Hintereggeralm), 1974 m (C 4), privata, CAP: 39017 Scena, aperta in estate. Accessi: dalla stazione a monte della funivia Punta Cervina, 45 min.; da Prantago, seguendo il sentiero europeo E 5, ore 3.30.

Falzeben, Albergo 1609 m (C 5), privato, CAP: 39010 Avelengo, aperto tutto l'anno. Accesso: da Avelengo, ore 1.15. Traversate: al Rif. Parete Rossa, 45 min.; al Rif. Zuegg, 20 min.

Giovo del Salto, Capanna (Tschaufenhaus), 1314 m (C 7), privata, CAP: 39010 Meltina, aperta tutto l'anno. Accesso: da Terlano sui sentieri n. 4 e 7, ore 3.30. Traversate: all'Albergo Locher, ore 1.15, all'Albergo Lavenna per Frassineto, ore 2.

L'idillio delle malghe/Idyllische Almhütte

Kirchsteigeralm, 1945 m (D 5), privato, CAP: 39010 Avelengo, aperto in estate e in inverno. Accessi: da Merano, Val di Nova/Naiftal con la funivia Merano 2000 all'Albergo Alpino Piffinger Köpfl (stazione a monte) e da lì ore 1.15; da Avelengo sul sentiero n. 14 e per il Rif. Parete Rossa, ore 2.30. Traversate: al Rif. Picco Ivigna attraverso il Passo di Nova/Naifjoch e la Forc. Ivigna/Ifinger Scharte, ore 2; al Rif. Parete Rossa, ore 1.30. Cima: Grande Picco Ivigna, 2581 m, ore 2.30 (solo per esperti).

Lavenna, Albergo (Gasthof Langfenn), 1527 m (D 7), privato, CAP: 39010 Vilpiano, aperto tutto l'anno. Accessi: da S. Genesio sul sentiero europeo E 5, ore 2.30; da Meltina, sui sentieri n. 4 e 1, ore 1.15; da Frassineto/Verschneid per i sentieri n. 4B, 12A e E 5, ore 1.15. Traversate: alla Capanna di Meltina sul sentiero europeo E 5, ore 1.30.

Leadner Alm, Malga, 1514 m (C 6), privata, CAP: 39010 Verano, aperta in estate e in inverno. Accessi: da Avelengo, ore 1; da Verano, ore 1.

Locher, Albergo, 1271 m (D 8), privato, CAP: 39050 S. Genesio, aperto tutto l'anno. Accesso: da S. Genesio, ore 1. Traversate: alla Capanna Giovo del Salto/Tschaufenhaus, ore 1.30; all'Albergo Lavenna, ore 2.

Mahdalm, Malga, 1990 m (C 3), 5 minuti dalla Malga di Dentro, v. ivi.

Meltina, Capanna di (Möltner Kaser), 1763 m (D 6), privata, CAP: 39010 Meltina, aperta in estate ed in inverno. Accessi: da Meltina, ore 2; da Sarentino sul sentiero n. 5, ore 2.30. Traversate: all'Albergo Putzer Kreuz, ore 1.15; al Rif. Merano, ore 2.15; all'Albergo Lavenna sul sentiero europeo E 5, ore 1.30. Cima: Stoanerne Mandln, 2001 m, 45 min. (facile).

Merano, Rifugio (Meraner Hütte), 1960 m (D 5), AVS, CAP: 39010 Avelengo/Merano 2000, aperto in estate ed in inverno. Accessi: da Merano, Val di Nova/Naiftal con la funivia Merano 2000 all'Albergo Alpino Piffinger Köpfl (stazione a monte), da lì sul sentiero n. 14, ore 1; da Avelengo sul sentiero n. 14, ore 2.30. Traversate: alla Capanna di Meltina, ore 2; al Rif. Parete Rossa, ore 1; al Rif. Picco Ivigna, ore 2; al Rif. Zuegg, ore 1.15; al Rif. Punta Cervina sul sentiero n. 4, ore 4 (faticoso). Cima: Grande Picco Ivigna, 2581 m, ore 2.30 (solo per esperti).

Parete Rossa, Rifugio (Rotwandhütte), 1817 m (C 5), CAI, CAP: 39010 Avelengo, aperto in estate ed in inverno. Accessi: da Merano, Val di Nova/Naiftal con la funivia Merano 2000 all'Albergo Alpino Piffinger Köpfl (stazione a monte) e da lì 15 min. a piedi; da Avelengo sul sentiero n. 14, ore 2. Traversate: al Rif. Zuegg, 30 min.; al Rif. Merano, ore 1; al Rif. Picco Ivigna, ore 1.30. Cima: Grande Picco Ivigna, 2581 m, ore 2.30 (solo per esperti).

Picco Ivigna, Rifugio (Ifinger Hütte), 1810 m (C 5), CAI, CAP: 39017 Scena, aperto in estate. Accessi: da Scena per S. Giorgio, ore 3; da Vernone nella Val di Nova/Naiftal sui sentieri n. 3A, 3, 40 e 20, ore 4; dall'Albergo Taser, stazione a monte della funivia, ore 1.15. Traversate: al Rif. Parete Rossa attraverso la Ifinger Scharte, 2117 m, sentiero n. 18, ore 1.45; all'Albergo Alpino Piffinger Köpfl, stazione a monte della funivia, attraverso la Forc. Ivigna/Ifinger Scharte ed il Passo di Nova/Naifjoch, ore 1.30; al Rif. Punta Cervina per l'Albergo Taser sui sentieri n. 18A, 40 e 40A, ore 3.30; al Rif. Merano, ore 1.45; al Rif. Zuegg, ore 2. Cima: Grande Picco Ivigna, 2581 m, ore 2.30 (solo per esperti).

Piffinger Köpfl, Albergo Alpino, 1980 m (C 5), privato, CAP: 39012 Avelengo/Merano 2000, aperto in estate ed in inverno. Accessi: da Merano, Val di Nova/Naiftal con la funivia Merano 2000; da Avelengo/Falzeben con la cabinovia o sul sentiero n. 14 per i Rif. Parete Rossa e Rif. Zuegg ore 2. Traversate: al Rif. Picco Ivigna sul sentiero n. 18 per la Forc. Ivigna/Ifinger Scharte, 2117 m, ore 1.15; alla Kirchsteigeralm sul sentiero n. 14, 45 min. Cima: Grande Picco Ivigna, 2581 m, ore 2 (solo per esperti).

Punta Cervina, Rifugio (Hirzerhütte), 1983 m (C 4), privato, CAP: 39017 Scena, aperto in estate. Accessi: da Saltusio con la funivia e dalla stazione a monte in 15 min; dalla stazione a monte della funivia Hirzer in 20 min. Traversata: al Rif. Picco Ivigna sui sentieri n. 40A, 40 e 18A, ore 3.30. Cima: Punta Cervina, 2781 m, ore 2 (media difficoltà).

Putzer Kreuz, Albergo (Gasthof Putzer Kreuz), 1630 m (D 6), privato, CAP: 39058 Sarentino, aperto in estate. Accesso: da Sarentino sul sentiero n. 5, ore 2. Traversata: alla Capanna di Meltina, ore 1.15. Cima: Stoanerne Mandln, 2001 m, ore 1.30 (facile).

Saltner Edelweiß, Albergo, 1351 m (D 8), privato, CAP: 39050 S. Genesio, aperto tutto l'anno. Accesso: da S. Genesio, 45 min. Traversate: all'Albergo Lavenna, ore 1.30; alla Capanna Giovo del Salto/Tschaufenhaus, ore 2; all'Albergo Tomanegger, ore 1.

Sarentino, Rifugio (Sarner Skihütte), 1618 m (D 5), privato, CAP: 39058 Sarentino, aperto tutto l'anno. Accesso: da Sarentino sul sentiero n. 2, ore 1.45. Traversata: alla Capanna di Meltina/Möltner Kaser, ore 1.30. Cima: Stoanerne Mandln, 2001 m, ore 1.15 (facile).

Tomanegger, Albergo (Gasthof Tomanegger), 1328 m (D 7), privato, CAP: 39050 S. Genesio, aperto tutto l'anno. Accesso: da S. Genesio, ore 1.30. Traversate: alla Capanna di Meltina, ore 2; all'Albergo Lavenna, ore 1.30.

Valcanova, Rifugio (Kesselberghütte), 2300 m (D 5), privato, CAP: 39010 Avelengo, aperto in estate ed in inverno. Accessi: dalla stazione a monte, Albergo Alpino Piffinger Köpfl, per il Passo di Nova/Naifjoch, ore 1.45; dall'Albergo Falzeben sul sentiero n. 14, ore 3; da Sarentino, loc. Marca di Sopra/Obermarchen, ore 2.30. Cime: M. Catino/Großer Mittager, 2422 m, 45 min.; Grande Picco Ivigna, 2581 m, ore 2; Laste di Verdins, 2680 m, ore 2.30 (tutte le escursioni solo per esperti, sentieri in parte attrezzati).

Zuegg, Rifugio (Zuegghütte), 1766 m (C 5), privato, CAP: 39010 Avelengo, aperto in estate ed in inverno. Accessi: da Merano, Val di Nova/Naiftal con la funivia Merano 2000 all'Albergo Alpino Piffinger Köpfl (stazione a monte) e in 15 min. discesa al rifugio; da Avelengo sul sentiero n. 14, ore 1.30. Traversate: al Rif. Parete Rossa, 15 min.; al Rif. Picco Ivigna per i sentieri n. 41 e 18, ore 2.30. Cima: Grande Picco Ivigna, 2581 m, ore 2.30 (solo per esperti).

***Segnale di soccorso alpino**: dare per **sei volte** in un minuto, a intervalli regolari, un segno visibile o udibile, poi fare una pausa di un minuto. Si ripete finché non si riceve risposta.*
***Risposta**: entro un minuto viene dato per **tre volte**, ad intervalli regolari, un segno visibile o udibile.*

Blick in das Etschtal/Veduta sulla Val d'Adige

Ringraziamo le Associazioni turistiche ed alpinistiche che hanno dato un valido contributo all'aggiornamento della presente guida e carta KOMPASS e ci hanno messo inoltre a disposizione gran parte del materiale fotografico.

DESCRIZIONE DELLE LOCALITÀ

Troverete i numeri di telefono e di fax delle Associazioni Turistiche a pag. 107.
Date un'occhiata anche agli inserti pubblicitari nel testo tedesco!

AVELENGO/HAFLING C 6

Comune, Prov. di Bolzano, abitanti: 750, altezza s.l.m.: 1290 m, CAP: 39010. **Informazioni**: Associazione Turistica di Avelengo - Verano - Merano 2000. **Stazione ferroviaria**: Merano (10 km). **Collegamento autobus**: Merano - Avelengo - Falzeben e Verano. **Impianti di risalita**: funivie, seggiovie e skilift (comprensorio sciistico Merano 2000).

Con i suoi 27 km² l'altopiano di Avelengo racchiude una delle zone escursionistiche e sciistiche più amate dell'Alto Adige. Qui termina il cosiddetto Monzoccolo/Tschögglberg che da S. Genesio si estende sopra Bolzano. Il Comune è costituito dalle località di Avelengo Paese, Avelengo Paese di Sopra, S. Caterina e Falzeben. La Chiesetta di S. Caterina è uno dei simboli più caratteristici del paesaggio sopra Merano. La piccola località si è trasformata in un luogo di cura e di soggiorno estivo molto amato e con „Merano 2000" in un ideale centro di sport invernali.
La località ha dato il nome alla rinomata razza equina degli avelignesi!

Curiosità del luogo e dintorni

La **Chiesetta di S. Caterina** del 1291, ristrutturata nel XVII sec., accessibile solo attraverso un foro praticato nel portone d'ingresso. Possibilità di visite guidate per gruppi (tel. 0473/27 94 57). – Il **rilievo preistorico in porfido** sul muro esterno della **Parrocchiale di S. Giovanni**. – L'allevamento dei famosi **cavalli avelignesi** al maneggio Sulfner a S. Caterina. Aperto tutti i giorni, ingresso libero. – **Tabernacolo gotico** sulla strada d'accesso Locherweg al maso Nusserhof. – **Esposizione di minerali e pietre preziose** a **Falzeben**.

Paesaggio autunnale ad Avelengo/Herbststimmung in Hafling

Passeggiate ed escursioni

Da S. Caterina sui sentieri n. 50 e 14 a Falzeben, 1609 m, ore 1.30. – Da Falzeben sul sentiero n. 14 al Rif. Merano/Meraner Hütte, 1960 m, ore 1.30. Da lì alla malga di Maia/Maiser Alm, 1783 m, sui sentieri 13A, 17 e 17A, ore 1.30. Ritorno ad Avelengo, totale ore 5. – Alla malga di Maia, 1783 m, seguendo in gran parte il corso del torrente Almbach (sentiero n. 15A), ore 2; ritorno per Falzeben sul sentiero n. 51, in totale ore 3.30. – Alla Leadner Alm, 1514 m: in direzione sud est sul sentiero n. 16 per l'Alb. Brunner, 1330 m, su bella strada forestale, ore 2; ritorno ad Avelengo in direzione nord ovest passando per l'Hirschenbichl e per il maso Lenkerhof, 1382 m, da dove si può ritornare direttamente ad Avelengo o eventualmente allungare passando per l'Alb. Alpenrose, sentieri n. 11 e 12, in totale ore 4. – A Verano: si segue il sentiero n. 12 a sud di Avelengo Paese; breve puntatina sul M. Pietrarossa/Rotensteinkogel, 1464 m, seguendo i sentieri n. 11 e 14, al „Knottnkino" – favoloso panorama che spazia da Bolzano a Merano (v. **VERANO**); si prosegue quindi per i masi Oberhauser e Steinmann fino a Verano, ore 2.30. – Sul M. Sulvo/Hochsulfen, 1345 m, da S. Caterina in 30 min. – Al laghetto Sulfnersee (incantevole nel periodo di fioritura delle ninfee!), 30 min. – A Sarentino; sul sentiero n. 2 dal paese alla Wurzeralm, 1707 m, ore 1.30, e alla malga Verano, 1873 m, ore 1; si prosegue fino al Giogo dei Prati/Auener Joch, 1924 m, 45 min., continuando sempre sul sentiero n. 2 per la Auener Alm,1798 m, ed il Rif. Sarentino/Sarner Skihütte, totale ore 6. – Dal Giogo dei Prati/Auener Joch verso nord si raggiunge il Giogo della Croce/Kreuzjoch, 2086 m, in 30 min. e poi verso sud est si arriva agli Omini di pietra/Stoanerne Mandln, 2001 m, in 30 min. oppure verso sud, in 1 ora, alla Capanna di Meltina/Möltner Kaser, 1763 m, sul Sentiero Europeo E 5.

CAINES/KUENS C 5

Comune, Prov. di Bolzano, abitanti: 400, altezza s.l.m.: 595 m, CAP: 39010. **Informazioni:** Associazione Turistica di Val Passiria. **Stazione ferroviaria:** Merano (5 km). **Collegamento autobus**: Merano - Caines.

Caines è il più piccolo Comune dell'Alto Adige. È situato sopra il cosiddetto avvallamento di Finele/Fineleloch, presso lo sbocco della Valle di Sopranes, all'ingresso della Val Passiria sul gradino terrazzato a nord di Tirolo. La località deve la sua fondazione al missionario cristiano S. Corbiniano. Egli infatti fu ivi trattenuto, sull'allora confine bavarese, attorno al 713 e s'innamorò del paesaggio. Dopo aver consegnato le sue dimissioni da vescovo di Frisinga ritornò in questa zona. I toponimi dei masi Luitprant e Billing ancora oggi testimoniano gli insediamenti bavaresi.

Curiosità del luogo e dintorni

La **Parrocchiale dei SS. Maurizio e Corbiniano**, con affreschi e meridiana dell'inizio e della metà del XV sec. – **Castel Tirolo** e **Castel d'Aura**: v. **TIROLO**. – Il canale d'irrigazione di Caines, il cosiddetto „**Kuenser Waalweg**", viene menzionato fin dal 1386, conservando fino ad oggi la sua importanza economica! Il torrente Finele, dal quale viene convogliata l'acqua per il canale d'irrigazione, ha origine dai laghi di Sopranes a ca. 2200 m d'altitudine. Alimenta anche condutture ora sotterranee, ma il **sentiero della roggia** è l'unico ad aver mantenuto il suo aspetto originario in superficie. Ha inizio al maso Mutlechnerhof, 837 m, il più alto del comune, e sale per 2,5 km nella valle del torrente Finele, fin sotto il maso Longfallhof, a 1075 m, attraverso una ricca vegetazione e lungo il bosco. Si consiglia questa passeggiata nelle afose giornate estive, in quanto il percorso è prevalentemente all'ombra!

Passeggiate ed escursioni

A Tirolo: dapprima in direzione nord-ovest fino al Rio Finele/Finelebach, da lì in direzione sud (sentiero n. 9) fino al paese. Ritorno per Castel d'Aura/Auer, in totale ore 2. – Al maso Longfallhof, 1075 m: verso nord sul sentiero n. 21 fino all'incrocio con il sentiero n. 24/Alta Via di Merano, seguendo quest'ultimo verso ovest fino alla meta, ore 1. – A Merano in discesa lungo il Passirio tra frutteti e vigneti (sentiero n. 5), ore 1. – Ai laghi di Sopranes: sui sentieri n. 21 e n. 24 al maso Longfallhof, 1075 m. Da lì lungo il Rio Finele al Rif. dei Becchi, 1700 m, nella Val di Sopranes e sul sentiero n. 6 ai laghi, ca. 2350 m, ore 5. – Al Coston del Gallo/Hahnenkamm, 1804 m: in direzione nord all'Alb. Bergrast, 1187 m, sentiero n. 21A, ore 1.30; da lì sui sentieri n. 24 e poi 21 alla cima (media difficoltà), ore 1. Discesa: si prosegue a nord per il sentiero n. 21 fino al bivio; da lì per il sentiero n. 21A passando per l'Alb. Bergrast si ritorna a Caines, totale ore 8.

La Parrocchiale di Caines/Pfarrkirche von Kuens

CERMES/TSCHERMS BC 6

Comune, Prov. di Bolzano, abitanti: 1405, altezza s.l.m.: 292 m, CAP: 39010. **Informazioni**: Associazione Turistica Lana e dintorni. **Stazione ferroviaria**: Merano (4 km). **Collegamento autobus**: Merano - Cermes - Lana di Sopra.

Il paesetto di Cermes sorge seminascosto nel mezzo di vigneti e frutteti, vicino alla strada che da Merano porta a Lana. Il paesaggio della località è dominato dal Castel Monteleone/Schloss Lebenberg, un'imponente opera difensiva alle pendici del Montemarlengo.

Curiosità del luogo e dintorni

La **Chiesa di S. Sebastiano** e la **Chiesetta di S. Anna**. – Il **Castel Monteleone/Schloss Lebenberg**, costruito nel XIII sec. dai signori di Marlengo, è una delle più belle tenute del Burgraviato. Dal 1426 fino al 1828 proprietà dei conti Fuchs, ora invece della famiglia van Rossem. Vasto complesso con cappella a tre piani del XIV sec., pittoreschi cortili interni, giardini in stile francese, Sala degli specchi in stile rococò, e Sala dei cavalieri con l'albero genealogico di 12 generazioni e 264 ritratti della famiglia Fuchs, Sala d'armi, interni completamente arredati, camere con mobili rustici in stile gotico, soffitti in legno e stucchi. Orario d'apertura: marzo-ottobre, lunedì-sabato, ore 10.30-12.30 e 14-16.30, domenica chiuso. – Vale la pena di visitare l'interessante **Giardino-labirinto nella tenuta Kränzel**, che risale all'anno 1400 ed è ora proprietà dei conti Pfeil. La residenza ospita anche una cantina di vini pregiati. Ogni mercoledì, alle ore 16, la cantina è aperta al pubblico per visite guidate e degustazioni. Il giardino dei castagni, il giardino della pace eterna, il giardino della frutta ed il boschetto di corniolo (Cornus mas) invitano ad una piacevole sosta. Il labirinto copre una superficie di 3300 m². Orario d'apertura: primi di aprile - primi di novembre, ore 10-19. – Per altre curiosità: v. **MARLENGO**.

Passeggiate ed escursioni

A Marlengo sull'ameno sentiero della roggia di Marlengo/Marlinger Waalweg: dapprima lungo il sentiero Raffeinweg al maso Tagfeithof, ore 1.30, oppure attraverso Baslan/Basling, 45 min. – Escursione circolare: dal sentiero Raffeinweg al sentiero della roggia Marlinger Waalweg, poi in direzione nord ovest in salita sul sentiero n. 33A al posto di ristoro Hofer, 812 m, e all'Alb. Tschigg, sentiero n. 31A. Si scende la carrozzabile all'Alb. Waalheim, indi sul sentiero della roggia Marlinger Waalweg a Castel Lebenberg e per Baslan, totale ore 4.30. – Escursione circolare: a Lana di Sopra, poi con la funivia all'Hotel Vigilius, 1450 m, indi in 20 min. sul sentiero n. 33, poi deviando a destra, sui sentieri n. 33 e 33A si scende al posto di ristoro Hofer, 812 m, e si passa davanti ai ruderi Holdersberg, giungendo a Castel Lebenberg e rientrando per Baslan, totale ore 3.

GARGAZZONE/GARGAZON C 7

Comune, Prov. di Bolzano, abitanti: 1640, altezza s.l.m.: 270 m, CAP: 39010. **Informazioni**: Associazione Turistica di Lana e dintorni. **Stazione ferroviaria**: Gargazzone. **Collegamento autobus**: Bolzano - Merano. **Impianti di risalita**: funivia Postal/loc. Staffler - Verano, funivia Vilpiano/Comune di Terlano - Albergo Etschblick.

Gargazzone, una ridente località tra Bolzano e Merano, è un importante centro della frutticoltura. Il Rio di Gargazzone, detto anche Rio Eschio/Aschler Bach, delineava nel Medioevo il confine tra la contea di Bolzano e quella di Venosta allargatasi fino a comprendere il Burgraviato. La località era anche sede di una cosiddetta „piccola corte di giudizio".

Curiosità del luogo e dintorni

La vecchia **Chiesetta di S. Giovanni**, menzionata nel 1337, ora cappella mortuaria. – La **Chiesa nuova**, ultimata nel 1928. – La **Torre del castello** presumibilmente eretto nel 1237, detta **Kröll,** (emblema della famiglia Trautson sopra l'ingresso), antica torre di guardia sul fianco orientale del paese. – Nelle dirette vicinanze una **cascata** con ben sette salti. – La **buca di ghiaccio**. – La **piscina naturale Gargazzone**.

Gargazzone: la Parrocchiale/Pfarrkirche in Gargazon

Passeggiate ed escursioni
A Vilpiano attraverso i frutteti lungo l'Adige, ore 1.15. – A Tesimo: passata la stazione ferroviaria di Gargazzone si attraversa il ponte sull'Adige, poi si prosegue sul Moosweg, sentiero n. 18, attraverso i frutteti fino alla méta, ore 2. – A Lana: oltrepassata la stazione ed il ponte sull'Adige si prosegue sulla destra orografica del fiume fino al campo sportivo e da lì sulla strada tra Lana e Postal fino a Lana di Mezzo, ore 2. – A S. Ulrico e Salonetto/Schlaneid: dapprima si sale in direzione nord est al maso Stegerhof, sentiero n. 4; poi verso sud fino ai masi Leitner e Gatscher; dopo circa 1 km in direzione est, si attraversa il Rio Eschio, ore 1.30. Quindi si prosegue sul sentiero n. 13 per S. Ulrico, 1304 m, poi a Salonetto e all'Albergo Etschblick, 1050 m, alla stazione a monte della funivia che scende a Vilpiano, totale ore 3. – L'escursione per il Rif. Sellaio/Sattlerhütte, 1609 m, parte dalla stazione a monte della funivia Vilpiano - Albergo Etschblick, 1050 m. Da lì si prosegue fino a S. Ulrico, 1304 m; al Crocifisso presso l'Hohlweg, 500 metri a nord della Chiesetta di S. Ulrico, si continua (segnavie 15) a nord est, quasi sempre attraverso il bosco, fino al rifugio, ore 2.30. Rientro a Gargazzone sullo stesso percorso oppure deviando a nord (sentiero n. 13) all'altezza del Crocifisso sul sentiero Hohlweg e oltrepassando il Rio Eschio e i masi Gatscher, Leitner e Steger.

Escursioni circolari
Sentiero panoramico da Gargazzone: partendo dall'Albergo „Zum Turm" sulla strada statale si sale lungo la via per Verano per qualche centinaio di metri fino al segnavia „Zum Kröllturm" da cui ha inizio la leggera salita verso l'omonima torre medievale. Sulla sinistra si può ammirare il salto di 40 m del Rio Eschio. Si ritorna sullo stesso sentiero fino al segnavia succitato, indi in direzione sud al sentiero panoramico, costeggiando varie formazioni rocciose, e si scende per la nuova forestale fino al muro di protezione da cadute sassi. Il sentiero passa sopra questo muro costeggiando la vecchia statale tra Bolzano e Merano fino alla fine del sentiero panoramico, da dove si sale per i sentieri Knottnerweg e Wolfsgrubenweg alla Wolfsgrube, la „fossa dei lupi", per poi scendere ripidi alla statale. Dopo averla attraversata si segue il sentiero Großackerweg tra i frutteti e si giunge alla stazione ferroviaria di Gargazzone, ritornando in centro sulla riva sinistra dell'Adige, lungo il sentiero Binnendammweg, 3 ore. – Escursione circolare da Gargazzone per Tesimo e Lana: dal centro del paese si va verso la stazione ferroviaria, si oltrepassa il ponte sull'Adige, si sale diritti per il sentiero Moosweg a Tesimo, si scende quindi passando per il posto di ristoro Gruberkeller, 608 m, Castel Leonburg ed i ruderi di Castel Brandis e si rientra per la Strada del Vino, ore 4.30.

LAGUNDO/ALGUND B 5

Comune, Prov. di Bolzano, abitanti: 4850, altezza s.l.m.: 350 m, CAP: 39022. **Informazioni:** Associazione Turistica di Lagundo. **Stazione ferroviaria:** Merano. **Collegamento autobus**: Lana - Merano - Lagundo - Foresta, Merano - Lagundo - Parcines, Lagundo - Merano - Plars di Sopra - Velloi. **Impianti di risalita**: cabinovia e seggiovia.

Lagundo è uno dei più antichi insediamenti del Burgraviato. Il toponimo è citato già nel 995, quello della parrocchia nel 1278. La località si estende tra l'alta terrazza coniforme antistante il M. Mutta e la Valle dell'Adige. Le frazioni di Riomolino, Plars di Sopra e Plars di Mezzo sono circondate da frutteti particolarmente rigogliosi. Sui pendii troneggiano imponenti masi tra pergolati e vigneti. I 4 menhir rinvenuti a Lagundo nel 1932 e nel 1942 testimoniano un insediamento di oltre 3000 anni. L'antica Via Claudia Augusta attraversa Plars di Mezzo.

Curiosità del luogo e dintorni
L'**antica Parrocchiale dei SS. Ippolito ed Erardo** con coro tardogotico del XV sec. La volta della navata romanica risale al XVII sec. – La **nuova Parrocchiale di S. Giuseppe**

Veduta verso Lagundo dal sentiero della roggia/Blick auf Algund vom Waalweg aus

in centro è una delle più belle testimonianze d'arte contemporanea dell'arco alpino. Costruita negli anni 1966-71, essa presenta ricchi simbolismi. – Resti di una **testata di ponte romano** della Via Claudia Augusta presso il Römerkeller. – I 4 **menhire marmorei** d'epoca ligure-illirica, rinvenuti a Lagundo, sono custoditi al Museo di Merano e al Museo Archeologico dell'Alto Adige di Bolzano. Riproduzioni davanti all'Ufficio turistico. – Le **pietre incavate** di epoca paleocristiana si possono ammirare lungo i sentieri - Schlundensteinweg, Saxnerweg e Birbameggweg. – L'Ufficio turistico di Lagundo propone itinerari storico-artistici in paese, tutti i lunedì, alle ore 10, da metà marzo a metà novembre. Partenza presso l'ufficio. Meritevole è anche l'**itinerario didattico sulle mele** che informa sulla coltivazione, la storia, la cura, le specie e la vendita delle mele. – Vale la pena di visitare la **Cappella della Trinità** a **Velloi**, la **Chiesetta di S. Ulrico** a **Plars** e la **Chiesetta di S. Maria della Neve del S. Cuore di Gesù** a **Rio Lagundo/Aschbach**. – La **Chiesa di S. Maria**, del primo gotico, ed il **Convento di Maria Steinach** furono fatti costruire nel 1241 dalla contessa Adelaide, figlia del conte Alberto di Tirolo. Il convento è diretto da suore domenicane. – A **Foresta**: la **birreria Forst**, fondata nel 1857, è tuttora una delle più importanti birrerie italiane e visitabile. – Interessante è l'**itinerario didattico delle mele** sulle tracce della storia di questo frutto, la coltivazione, la cura, i vari tipi e la distribuzione sul mercato. – 6 km di **sentiero della roggia di Lagundo/ Algunder Waalweg**, ameno percorso che costeggia un canaletto d'irrigazione in superficie e che comprende anche quelli di Quarazze e di Plars. – **Itinerario didattico del legno** a **Riolagundo**.

Passeggiate ed escursioni

A Merano sul sentiero della roggia di Lagundo (a sud di Castel Torre/Schloss Thurnstein) e il sentiero Tappeiner, ore 1. – Salita a Velloi, ore 2. – Alla Leiteralm, 1522 m, per Velloi (sentiero n. 25), ore 3.30. – Dalla Leiteralm sull'Alta Via di Merano (panorama meritevole), sul sentiero Muterweg all'Alb. Tiroler Kreuz. Da lì a Tirolo e ritorno a Lagundo passando per il paese di Tirolo, Castel Tirolo e lungo il sentiero della roggia/Waalweg di Lagundo, ore 3.30 ca. – A Parcines lungo il sentiero della roggia/Waalweg di Plars attraverso Plars di Sopra. Da lì ritorno per l'Albergo Wiedmair, ore 2. – Escursione circolare: Lagundo, Velloi, Rif. del Valico, 1839 m, Tel, loc. Töllgraben, posto di ristoro Saxner, Lagundo (sentieri n. 25A, 25, 24 e 7), in totale ore 7. – Da Lagundo attraverso la Leiteralm, 1522 m, sul M. Mutta/Mutspitz, 2294, ore 7 (solo per esperti), discesa sul sentiero n. 23.

Qui crescono le castagne/Hier gedeihen die Edelkastanien

LANA/LANA **BC 6-7**

Comune, Prov. di Bolzano, abitanti: 11.230, altezza s.l.m.: 300-1200 m, CAP: 39011. **Informazioni**: Associazione Turistica di Lana e dintorni. **Stazione ferroviaria**: Lana - Postal (2,5 km). **Collegamento autobus**: Merano, Bolzano e la Val d'Ultimo. **Impianti di risalita**: funivia S. Vigilio, seggiovie e skilift.

Il Comune di Lana si articola nei sobborghi di Lana di Sopra, di Mezzo e di Sotto, 300 m, e nelle frazioni di Foiana/Völlan (stazione climatica, 696 m), Acquaviva/Ackpfeif e Pavicolo/Pawigl, 1200 m. Presso Lana di Sopra la Val d'Ultimo sbocca in quella dell'Adige ed il torrente Valsura attraversa la selvaggia gola Gaulschlucht per giungere nella piana. La strada della Val di Non oltrepassa il Passo Palade, 1518 m, Lana e Cermes terminando a Merano. Grazie al suo ottimo clima e alla meticolosa coltivazione dei cosiddetti „Möser“ (campi rivieraschi), Lana è oggi il principale centro della frutticoltura altoatesina. Nel luogo si sono insediate varie industrie per la lavorazione della frutta nonché del legno. Originariamente Lana apparteneva alla contea di Trento ma nel 1253 passò ai conti di Tirolo. Nel 1215 l'Ordine teutonico stabilì qui il suo „baliato dell'Ordine sull'Adige“. Lana è tuttora sede di quest'ordine ed ospitò anche una delle più autorevoli signorie della regione, i conti Brandis. L'Hotel Vigilius, 1450 m, a nordovest della località è raggiungibile con la funivia per S. Vigilio ed è punto di partenza ideale di meritevoli escursioni.

La Chiesetta sul Monte S. Vigilio
Kirche am Vigiljoch

Tipico sporto a Lana/Erker in Lana

Curiosità del luogo e dintorni

A **Lana di Sotto:** la **vecchia Parrocchiale di S. Maria Assunta**, proprietà dell'Ordine teutonico, con un capolavoro del tardogotico, il più grande ed il più notevole altare a portelle del Tirolo. Realizzato da Hans Schnatterpeck, è alto ben 14,1 m e si distingue per la sua ricchezza di figure. Chiuso durante la Quaresima. La Parrocchiale fu edificata sul sito di una chiesa romanica e consacrata nel 1492. – A **Lana di Sotto:** il **Museo Sudtirolese della frutticoltura** nella tenuta medievale Larchgut: su 2000 m² si espone la documentazione storica ed attuale della frutticoltura della zona. Orario d'apertura: da metà marzo ai primi di novembre, lunedì-venerdì, ore 10-17, sabato, ore 13-17 (solo in aprile, maggio, settembre ed ottobre). – **A Lana di Mezzo:** la **Parrocchiale della S. Croce**, 1938: organo, tetto del campanile soprannominato „la mela di Lana". – Sempre a **Lana di Mezzo:** la **Cappella di S. Margherita** presenta tre absidi romaniche ed un ciclo di affreschi del 1215. Fu donata dall'imperatore Federico II all'Ordine teutonico. È visitabile solo durante le **visite storico-culturali** della località organizzate dall'ufficio turistico da aprile a fine ottobre. – Le **rovine di Castel Brandis**, XII sec. (non visitabile). – Sopra la gola Gaulschlucht si erge il **Castello di Montebruno/Braunsberg** (non visitabile) con la cappella di S. Blasio. – **Castel Leone/Leonburg**, XIII sec. – **Castel Mayenburg** (non visitabile). – A **Foiana:** la **Parrocchiale** (notevoli affreschi). – Il **Museo degli usi e costumi** conserva antichi oggetti d'arredamento contadino ed arnesi da lavoro. Aperto da Pasqua ad Ognisanti, martedì e venerdì, ore 14-17, domenica ore 15-17. – La **Chiesetta di S. Ippolito**, XIII sec. – La **Gola/Gaulschlucht** (in estate vi si effettuano rappresentazioni teatrali). – La **Cappella di S. Magno**, situata nel vecchio podere del convento dei Benedettini di Sankt Mang/Füssen sull'antico sentiero per la Val d'Ultimo. La pianta a croce con abside e cupola coronata da una lanterna fu consacrata nel XVIII sec. e conserva statue a grandezza naturale dei SS. Magno, Benedetto e Scolastica. La chiave si può ritirare presso il vicino maso Gagerserhof. – Da aprile ad ottobre l'ufficio turistico organizza anche **escursioni geologiche** da Foiana a Bagni di Foiana/Völlaner Badl alla scoperta di vari tipi di roccia di epoche diverse. – **Escursioni nei frutteti** con prove di assaggio (da marzo a settembre). – **Itinerario didattico culturale-naturalistico** all'**Aichberg**. – Interessante anche il **Sentiero didattico sul castagno** a **Foiana** (Foto, informazioni e giochi all'insegna della castagna; lunghezza: 2 km).

Passeggiate ed escursioni

Da Lana di Sopra alla Gola/Gaulschlucht: si attraversa il Rio Valsura sulla strada che collega Cermes a Lana di Sopra e lungo il rio si arriva alla Gola, 30 min. – Escursione circolare: Lana di Sopra, Foiana, Chiesa di S. Ippolito, Castel Leone/Leonburg, Lana di Sotto, Lana di Sopra: da Lana di Sopra ci si dirige verso sud sulla strada del Passo Palade/Gampenjoch, dopo ca. 500 m verso Ratisio/Rateis, sentiero n. 6. Da lì sui sentieri n. 10B e 10 si continua fino alla strada carrozzabile oltrepassando a ovest il Castel Maggio/Mayenburg, ore 1.30. Si continua sul sentiero n. 10 a Foiana, 30 min. Sul sentiero n. 8 si sale al maso Obermayer e da lì si giunge alla chiesetta di S. Ippolito, 30 min. Si scende indi lungo il pendio, oltrepassando la galleria della strada del Passo Palade e si arriva sulla strada tra Narano e Tesimo. La si percorre fino al bivio per Lana di Sotto, oltrepassando il maso Plattner, Castel Leone ed i ruderi di Castel Brandis, sentiero n. 5, ore 1.45; si torna sulla strada fino al punto di partenza, totale ore 5. – Alla Malga di Naturno, 1910 m: con la funivia (Vigiljochbahn) si sale all'Hotel Vigilius,1450 m. Dalla stazione a monte sul sentiero n. 34 al Monte S. Vigilio/Vigiljoch, 1743 m, si prosegue indi sui sentieri n. 9 e 30 fino alla malga. Ritorno sullo stesso percorso, totale ore 6. – Alla Cima grande del M. Luco/Großer Laugen, 2434 m: con l'autobus fino al Passo Palade, 1518 m; da lì devia verso ovest il sentiero n. 133 (Via ferrata Aldo Bonacossa). Si attraversa il Rio Luco/Laugenbach, oltrepassando poi la Legerhütte ed il lago di M. Luco/Laugensee, fino alla cima, ore 3.30 (solo per esperti). – Dal Passo Palade a est sul sentiero n. 50 alla Forcella di Mezzodì/Mittagsschartl, 1647 m, e sul M. del Cambio/Tillberg, 1760 m, ore 1.30 (media difficoltà).

MARLENGO/MARLING B 6

Comune, Prov. di Bolzano, abitanti: 2525, altezza s.l.m.: 363 m, CAP: 39020. **Informazioni:** Associazione Turistica di Marlengo. **Stazione ferroviaria:** Merano. **Collegamento autobus**: Merano.

Il Comune di Marlengo, sulla riva destra dell'Adige, è quasi inglobato a Merano. La sua posizione ai piedi del Monte Marlengo lo protegge dai venti e permette un piacevole soggiorno anche durante la stagione calda. Maestosi masi rurali, numerose pensioncine ed alberghi contraddistinguono il paesaggio tra frutteti e vigneti. La località, già menzionata nel XIII sec. con il nome di Merninga, apparteneva un tempo alla contea di Appiano-Ultimo. Con la morte di questa stirpe di guelfi, i conti di Tirolo ricevettero Marlengo in feudo e lo incorporarono nel Burgraviato insieme alle altre località limitrofe.

I vigneti di Marlengo/Marling wird von Weinbergen umgeben

Curiosità del luogo e dintorni

La **Parrocchiale di S. Maria Assunta**, 1889, neogotica. Dell'originaria chiesa romanica del XIII sec. sono rimasti solo il campanile e la cappella laterale che funge da sacrestia. Affreschi e sculture in legno. Durante la ristrutturazione sono venuti alla luce resti di un antico luogo di sacrificio. Notevoli sono inoltre il mosaico, le stazioni della Via Crucis, il gruppo della Crocifissione ed i 4 bassorilievi del XVI sec. – A monte del sentiero della roggia/Waalweg si trova la **Chiesetta di S. Felice** (anteriore al 1500) con la fontana di acqua sorgiva nel pavimento della navata principale, alla quale un tempo si attribuivano proprietà taumaturgiche. – **Percorso vita.** – Da aprile ad ottobre l'associazione turistica propone **visite guidate storico-artistiche del paese**, in primavera ed a tarda estate **itinerari didattici sulle mele** con visita del consorzio frutticolo Cofrum e **visite enologiche con degustazione** alla Cantina storica Popphof, alla Cantina produttori Burggräfler ed alla Distilleria privata Unterthurner.

Sentiero della roggia di Marlengo/Marlinger Waalweg

Nel corso di alcuni secoli i Certosini di Senales riuscirono ad espandere la loro influenza economica al punto di diventare i proprietari di più di due terzi dei masi e delle malghe della località. Nel XVIII sec. acquisirono anche un maso a Marlengo. Per poterlo rendere redditizio dovettero provvederne all'irrigazione. Tra il 1737 ed il 1757 costruirono così un canale d'irrigazione (roggia) in superficie che ancor oggi trasporta acqua a Marlengo. Pur essendo stato parzialmente interrato ed ampliato, il canale è affiancato da un percorso che è diventato una delle passeggiate più frequentate del Burgraviato. Si svolge per 13 km a monte di Marlengo e collega il Rio Tel lungo l'omonimo canale d'irrigazione a Lana di Sopra (ameni paesaggi!), 5 ore ca. Per 2 km inoltre è arricchito da un **percorso didattico-naturalistico** che approfondisce quanto può farci conoscere il bosco.

MERANO/MERAN BC 5

Comune, Prov. di Bolzano, abitanti: 38.800, altezza s.l.m.: 324 m, CAP: 39012. **Informazioni**: Consorzio turistico Merano Marketing, Via Palade 95 e Azienda di Cura, Soggiorno e Turismo Merano, Corso Libertà 45. **Stazione ferroviaria**: Merano (collegamento per Malles Venosta e per Bolzano). **Collegamento autobus**: Naturno, Silandro, Bolzano, Fondo, e nelle valli Passiria, d'Ultimo e Senales. **Impianti di risalita**: numerose funivie, seggiovie e sciovie (comprensorio sciistico di Merano 2000).

Merano venne fondata dai Celti. I toponimi di Maia Alta e Maia Bassa ricordano quelli latini di Castrum Maiense. Nei dintorni di Merano operò l'apostolo dei Reti, S. Valentino; nel 730 morì qui il primo vescovo di Frisinga/Freising, S. Corbiniano. I conti di Venosta ricevettero Merano in feudo nel 1234 dai vescovi di Trento. Venne elevata al rango di città nel 1317. Dal 1363 Merano diventò la capitale del Tirolo e tale rimase per oltre 100 anni. Al tempo di Andreas Hofer fu teatro della guerra d'indipendenza tirolese del 1809. Ritornata all'Austria nel 1814, la città si sviluppò soprattutto dopo la metà del XIX sec. fino a divenire un luogo di cura internazionale in un paesaggio distensivo. L'acqua ricca di radon è particolarmente indicata per disturbi circolatori, affezioni reumatiche, affezioni croniche dell'apparato motorio e dell'apparato respiratorio, ecc. Famosa in tutto il mondo è inoltre la cura dell'uva meranese, ideale per depurare il corpo. Nell'autunno del 2005 sono state inaugurate le nuove Terme Merano.

Curiosità del luogo e dintorni

La **Parrocchiale di S. Nicolò**, gotica, è un edificio a sala a tre navate. Il campanile, alto 83 m, è il simbolo della città. Di particolare interesse artistico sono gli altari ed il pulpito. – Al riparo della parrocchiale si trova la **Cappella di S. Barbara**, coeva, bella costruzione a due piani, a pianta ottagonale, con una volta a stella. – La **Torre delle Polveri/Pulverturm** è un mastio dell'antico Castel Ortenstein, menzionata per la prima vol-

Terme Merano: Cubo di vetro/Glaskubus der Therme Meran

Il „cuscino della suocera" nei giardini di Trauttmansdorff
Goldkugelkaktus in den Gärten von Schloss Trauttmansdorff

ta nel 1327 ed adibita a deposito di esplosivi nel 1629. Bel panorama sulla città.– La **Chiesa del Santo Spirito**, fondata nel 1271 da Mainardo II, duca di Tirolo. Nel 1419 la chiesa fu completamente distrutta da una piena del Passirio. Fu ricostruita nel 1483. – Il **Castello Principesco**, XV sec., residenza dei Principi di Tirolo e dell'arciduca Sigismondo. Notevole l'arredo gotico. Il castello è uno dei meglio conservati dell'Alto Adige. Presenta una collezione di armi storiche ed illustra la vita del tardo Medioevo. Orario d'apertura: una settimana prima di Pasqua-6 gennaio, martedì-sabato ore 11-17, domenica e festivi ore 11-13, tel. 0473/250329. – Il **Museo Civico** espone collezioni storiche e preistoriche (tra cui due dei menhir ritrovati a Lagundo, pietre di culto risalenti al 2000 a.C. ca.!), di arte e tradizioni popolari, minerali, sculture gotiche e collezione di dipinti dal XVII al XX sec. di artisti prevalentemente tirolesi. Per il 2014 è prevista l'apertura della nuova sede del museo in piazza Duomo. – Nel **Museo della Donna** vengono documentati 200 anni di storia al femminile: abiti, accessori e strumenti della vita quotidiana illustrano i ruoli svolti dalle donne nella società ed il loro divenire, una collezione unica in Europa. Sede: Via Mainardo 2 (nell'edificio della Banca Popolare/Volksbank). Orario d'apertura: lunedì-venerdì ore 10-17, sabato ore 10-12.30. – **Museo Ebraico** e **Sinagoga** (costruito nel 1901 in Via Schiller): la comunità ebraica di Merano svolse un ruolo importante dalla fine del secolo scorso allo scoppio della seconda guerra mondiale. Il Museo raccoglie interessanti reperti della tradizione ebraica, della storia e delle persecuzioni degli Ebrei. Aperto tutto l'anno - escluse le festività ebraiche - martedì e mercoledì ore 15- 18, giovedì e venerdì ore 9-12. – **Monumento ad Andreas Hofer**. – Nel **vecchio borgo medievale**: le **Porte Venosta, Passiria** (agile torre con porta a sesto acuto e tetto a due spioventi) e **Bolzano** (sul lato meridionale si possono ammirare gli stemmi scolpiti dell'Austria, del Tirolo e della città di Merano), parti integranti dell'antica cinta di mura del XV sec. – Meinardo II, conte di Tirolo, a metà del XIII sec. fece costruire i famosi **Portici**, lunghi ben 400 m, che collegano Piazza Duomo con Piazza del Grano e sono l'indirizzo più ambito per gli acquisti. Le facciate degli edifici vennero ristrutturate tra il XVI ed il XVII sec. spesso con l'aggiunta di bovindi e ricche decorazioni. – **Merano Arte/Kunst Haus Meran**: su una superficie di 500 m^2 ripartita su tre piani nell'edificio della Cassa di Risparmio al n. 163 di Via Portici vengono organizzati esposizioni, concerti, incontri letterari, seminari e altro. Aperto da martedì a domenica ore 10-18. – Il **Teatro Puccini** è un vero gioiello architettonico in stile liberty e neoclassico. Costruito nel 1901 su progetto dell'architetto Martin Dülfer, di Monaco di Baviera, ospita una piccola, ma preziosa biblioteca con i testi in lingua tedesca di tutti gli spettacoli teatrali che sono stati ivi rappresentati dal 1900 al 1930. Visitabile solo in occasione di concerti, spettacoli, ecc. – Il **Casinò Municipale/Kurhaus**, splendido edificio in stile liberty realizzato su progetto dell'architettto Friedrich Ohmann, aperto al pubblico nel 1914. La Sala Grande accoglie 1000 posti a sedere. Oggi prestigioso centro polifunzionale e congressuale. Visitabile solo in occasione di concerti, spettacoli, ecc. – Le moderne **Terme di Merano**, progettate dall'architetto Matteo Thun, si raggiungono in pochi minuti a piedi dai Portici e dalla Passeggiata Lungo Passirio. L'impianto, caratterizzato da un cubo di vetro e acciaio, offre 25 vasche all'interno ed all'aperto e ben otto saune che soddisfano ogni esigenza di relax e di benessere. In l'estate ci si può trattenere anche nel parco delle terme con il romantico laghetto delle ninfee ed il percorso balneare. – **Parchi** e **Passeggiate**: i parchi Marconi, Schiller e Maia; le passeggiate Tappeiner, Gilf, Lungo Passirio, d'Estate e d'Inverno. – **Castel S. Zeno/Zenoburg**, complesso difensivo romano con cappella di S. Zeno. È proprietà privata e non è visitabile. – **Castel Winkel**, edificio rinascimentale, residenza temporanea di Claudia de' Medici, duchessa di Tirolo. È proprietà privata e non è visitabile. – **Castel Rubein**, XIII sec., casa natale del cantore medioevale Berthold Rubein, un allievo di Walther von der Vogelweide. – **Castel Rametz**, XIII sec., situato al centro di rinomati vigneti; visita guidata al **Museo del Vino** e alle **Cantine** con **degustazione guidata di vini** e **vendita**. – I **Giardini di Castel Trauttmansdorff**, la meta più amata dell'Alto Adige, presentano da inizio aprile fino a metà novembre, in un anfiteatro naturale, oltre 80 ambienti botanici con piante da tutto il mondo. Numerose stazioni dedicate all'esperienza sensoriale, insieme

Mosaico geologico nei giardini di Castel Trauttmansdorff
Geologisches Mosaik in den Gärten von Schloss Trauttmansdorff

ad una variegata serie di manifestazioni, entusiasmano giovani e meno giovani, rendendo la visita ai giardini un'esperienza indimenticabile. Dalla splendida fioritura di migliaia di tulipani agli inebrianti colori invernali, i giardini affascinano in continuazione con i loro appuntamenti musicali e gastronomici. Nel cuore dei giardini troneggia il **castello** dove un tempo l'amata Imperatrice Elisabetta trascorreva la stagione invernale. Oggi ospita il **Touriseum**, il **Museo provinciale del Turismo**, che racconta 200 anni di storia del turismo alpino. Orario d'apertura dei giardini: 29 marzo-31 ottobre, ore 9-19; 1°-15 novembre, ore 9-17; in giugno, luglio e agosto, venerdì, ore 9-23. Nessun giorno di riposo! – Il **sentiero di Sissi** porta dai giardini fino al centro città di Merano. – I seguenti **castelli** sono proprietà privata: Gaiano/Goyen, Knillenberg, Reichenbach, Planta, Castel del Gatto/Burg Katzenstein, Castel Foresta/Forst. – Questi altri invece sono diventati **alberghi**: Castel Rundegg, Labers, Verruca/Fragsburg. – Il **Cimitero militare austro-ungarico** (I guerra mondiale) ed il **Cimitero militare tedesco** (II guerra mondiale). – **Castel Tirolo** (v. **TIROLO**). – L'**Ippodromo di Maia Bassa**, al n. 9 di Via Palade, è una delle più belle strutture dell'ostacolismo a livello europeo. La stagione ippica va da metà maggio a metà giugno e da fine luglio a fine ottobre. Il Gran Premio abbinato alla Lotteria Nazionale ha luogo l'ultima domenica di settembre! – L'**Arena di Merano**, al n. 74 di Via Palade, è un centro polifunzionale con campo di pattinaggio su ghiaccio, piscina e palestra per l'arrampicata libera. – Il **Circolo di Tennis** di Merano, al n. 46 di Via Piave, offre campi all'aperto e al coperto.

Vista dall'Alta Via di Merano verso sud/Ausblick vom Meraner Höhenweg nach Süden

Passeggiate ed escursioni

Attorno a Merano sulla passeggiata Tappeiner ed i sentieri lungo le rogge, detti „Waalwege“: presso il Ponte della Posta si attraversa il Passirio e lungo la riva orografica destra si sale in serpentine fino alla strada che conduce a Castel S. Zeno/Zenoburg; si segue poi la passeggiata Tappeiner fino alla strada da Quarazze/Gratsch per Castel Torre/Thurnstein, ore 1.30, su cui si prosegue. Presso il bivio del sentiero che proviene da S. Pietro per Quarazze si segue prima il sentiero lungo la roggia/Waalweg di Lagundo e poi quello di Plars fino all'Alb. Leiter am Waal, ore 1. In 15 min. si scende al ponte di Tel; attraversato l'Adige si cammina lungo la strada che collega Tel a Foresta fino al sentiero lungo la roggia di Marlengo. Si segue questo sentiero (incavato nella roccia, richiede sicurezza di passo) si passa davanti al posto di ristoro Schönblick e più a sud si incontra la Chiesetta di S. Felice, poi si arriva a Marlengo. Da lì si può ritornare a Merano con l'autobus, totale ore 4. – Dalla Parrocchiale di Merano al Castel Tirolo: passando per l'Alb. Traubenheim ed il M. di Merano/Küchelberg si arriva a Tirolo, ore 1.15; da lì (sentiero n. 26) fino al castello avito; si continua per S. Pietro (affreschi, è la più antica chiesa del Burgraviato) per arrivare al Castel Torre/Thurnstein, 45 min. Quindi in direzione ovest per Lagundo si giunge alla fermata dell'autobus presso l'Alb. Löwenwirt, totale ore 3. – A Lana di Sopra: dapprima si entra nel paese di Marlengo e da lì si percorre il sentiero lungo la roggia/Waalweg di Marlengo fino al Castel Monteleone/Lebenberg, 45 min.; ci si porta oltre fino all'incrocio con la carrozzabile per Cermes. Si segue quindi il sentiero n. 33 e si attraversa il ponte sul Rio Valsura/Falschauerbach per Lana di Sopra, totale ore 2. – Per il Castel Verruca/Fragsburg e per Postal si lascia Merano presso il poligono di Maia Alta (sentiero n. 1). Passando davanti al Castel Gatto/Katzenstein si sale per le serpentine al castello, ore 1.30. Ritorno sul sentiero n. 1 oltrepassando il Rio Sinigo/Sinichbach fino al bivio e si scende a Postal, totale ore 2.30. – A Scena: dalla Porta Passiria si oltrepassa il Passirio, poi in direzione nord-est fino alla meta, 45 min. Ritorno per Villa di Sopra, S. Giorgio e continuando (sentiero n. 18) in direzione sud per Castel Gaiano/Goyen, 45 min.; passati i Castelli Labers e Rametz si raggiunge Maia Alta, frazione di Merano, totale ore 2.30.

Acquavventura Naturno/Erlebnisbad in Naturns

NATURNO/NATURNS A 5-6

Comune, Prov. di Bolzano, abitanti: 5640, altezza s.l.m.: 554 m, CAP: 39025. **Informazioni:** Associazione Turistica di Naturno. **Stazione ferroviaria**: Naturno e Stava. **Collegamento autobus:** con Merano, Senales, Silandro, Malles Venosta e con Landeck (Austria) per il Passo Resia. **Impiante di risalita:** funivia Unterstell Naturno

Una descrizione dettagliata della località è riportata nella guida della carta escursionistica KOMPASS n. 051 „Naturno - Laces - Val Senales“.

PARCINES/PARTSCHINS B 5

Comune, Prov. di Bolzano, abitanti: 3535, altezza s.l.m.: 618 m, CAP: I-39020. **Informazioni**: Associazione Turistica di Parcines - Rablà - Tel. **Stazione ferroviaria**: Tel e Rablà. **Collegamento autobus:** con Merano e la Val venosta. **Impianti di risalita**: funivia Rablà - Rio di Lagundo, funivia panoramica Texel: Parcines - Moncucco/Giggelberg.

Il Comune di Parcines si estende in parte su territorio venostano, in parte su territorio del Burgraviato, ai piedi delle cime parzialmente ghiacciate del Gruppo di Tessa. La frazione di Rablà, 525 m, giace amena sul fondovalle. Si tratta probabilmente di un antichissimo insediamento sull'antica via tracciata dalla popolazione locale, i Venosti, sulla quale si costruì più tardi la Via Claudia Augusta. I più importanti reperti archeologici sono costituiti da un'ascia dell'era del bronzo e una pietra miliare romana. Presso il Rio Tel l'Adige lascia la Val Venosta. Nella prima metà del III sec. d.C. nei dintorni di Parcines si trovava una stazione doganale romana (Tel = telonium = dogana) sul confine della provincia romana della Rezia. La frazione di **Tel** è l'ultimo insediamento nella valle principale. Con un gradino di 200 m la Val Venosta si immette nell'ampio bacino meranese e da lì parte anche la strada che collega alla località principale di Parcines, 618 m. Il paese giace su un enorme conoide di deiezione. Probabilmente anche Parcines è un antico insediamento.

Curiosità del luogo e dintorni

Nella **Valle del Rio Tel/Zieltal** a monte del paese venne trovato il famoso basamento dell'ara Dianae, **altare di Diana**, la cui iscrizione latina fa presumere l'esistenza di una stazione doganale nel III sec. d.C. – All'Hochhuberhof è murata una **tavola marmorea**, probabilmente una lapide tombale. Un romano, di nome M. U. Primigenius ricorda il defunto figlio Q. C. Eutropius. – Un altro reperto archeologico, la cosiddetta **pietra di Nemesis**, si può ammirare al Museo Civico di Merano. – Nel Medioevo il paese fu la dimora dei signori di Parcines, il castello passò più tardi al casato degli Stachl da cui deriva l'attuale nome di **Stachlburg**. – La **Parrocchiale dei SS. Pietro e Paolo** è una costruzione tardogotica. All'interno belle sculture, parti di un altare di Jörg Lederer. – Degno di particolare menzione è inoltre **Peter Mitterhofer**, cittadino di Parcines, carpentiere e fabbricante di strumenti, considerato il vero inventore della prima **macchina da scrivere** funzionante, anche se da ciò non trasse alcun vero profitto. Il **Museo della macchina da scrivere/Schreibmaschinenmuseum**, dedicato a questo personaggio, ha risonanza mondiale. Ben 1200 oggetti offrono una panoramica esauriente di oltre un se-

La Funivia Panoramica Texel conduce da Parcines al Moncucco/Giggelberg (664 – 1544 m)
Texelbahn von Partschins auf den Giggelberg (664 – 1544 m)

I Laghi di Sopranes nel Gruppo di Tessa/Die Spronser Seen liegen in der Texelgruppe

colo di storia della macchina da scrivere (1864-1980). – Nel giugno del 2005 è stato inaugurato il **sentiero didattico/Kulturwanderweg Peter Mitterhofer**. Ha un percorso circolare che tocca 12 stazioni con tabelloni che raccontano la storia del paese e di Peter Mitterhofer. – **Castel Spauregg**, con la **sequoia** di oltre 170 anni nel parco. – La **Torre Gaudententurm**, 1357. – A **Rablà**: **Chiesetta di S. Giacomo**, 1513. – A **Tel**: **Chiesetta di S. Elena**, 1416. – Parcines è nota in campo turistico per il suo clima mite e anche per la sua spettacolare **cascata** di 97 m, la più grande dell'Alto Adige. La Valle del Rio Tel/Zieltal, come anche altre convalli minori, sbocca nella Val Venosta come valle pensile, alta sopra il fondovalle. Durante il disgelo il Rio Tel precipita da questo dislivello offrendo uno spettacolo veramente suggestivo. – Possibilità di **escursioni guidate** e gratuite nel **Parco Naturale Gruppo di Tessa** e nei dintorni. Per informazioni rivolgersi all'Associazione turistica. – La **funivia panormanica Texel** permette di raggiungere con comodità l'Alta Via di Merano e molte nuove mete escursionistiche. Durante la salita al Moncucco/Giggelberg, 1565 m, in poco meno di 5 minuti, potete godere lo splendido panorama sui tremila del Gruppo di Tessa e sulla conca meranese, senza perdere nulla della visuale in quanto la funivia non ha piloni di appoggio.

Passeggiate ed escursioni

Alle cascate del Rio Tel/Ziolbach a nord ovest di Parcines, ore 1. – Alla Leiteralm, 1522 m: a nord dell'abitato ci si dirige dapprima in direzione est verso il posto di ristoro Saxner, indi attraverso il bosco all'Alb. Oberplatzer e quindi alla malga, ore 3. – Alta Via di Parcines/Partschinser Höhenweg: parte da Parcines sulla carrozzabile che porta all'Alb. Wasserfall, da lì si procede ad est (sentiero n. 26) fino a Tablà (Alb. Prünster); si continua per un pendio soleggiato (bella vista su Merano) fino al maso Niederhaushof. Da lì si scende per il sentiero n. 7A alla carrozzabile che riconduce a Parcines, ore 3.30 ca. – A Tirolo: da Parcines sul sentiero lungo la roggia/Waalweg in direzione est fino al maso Grasweger e più oltre (sentiero n. 7) al posto di ristoro Saxner e (sentiero n. 26A) fino a Velloi, ore 1.30. Quindi oltre Pirbamegg (sentiero n. 26) e per il bosco a S. Pietro e a Castel Tirolo, ore 2. In altri 20 min. si arriva alla meta. – Al Dosso dei Larici/Larchbühel, 1837 m: dalla frazione di Tel/Töll si seguono o i tornanti della strada oppure si abbrevia il percorso salendo sul pendio fino all'Alb. Niederhof, e continuando (sentiero n. 9) fino all'Alb. Brünnl, ore 1 e a S. Martino, 1267 m. Circa 100 m a monte della cappella il sentiero si biforca; si segue il sentiero n. 9 oltrepassando la Pozza Nera/Schwarze Lacke per giungere alla vetta, totale ore 3. Discesa sul sentiero n. 28 per il Rio Lagundo/Aschbach fin giù all'Adige o con la cabinovia!

PLAUS/PLAUS B 5

Comune, Prov. di Bolzano, abitanti: 690, altezza s.l.m.: 519 m, CAP: 39025. **Informazioni**: Associazione Turistica di Naturno. **Stazione ferroviaria**: Plaus. **Collegamento autobus**: Merano e Naturno.

La località di Plaus si adagia sulla riva meridionale dell'Adige, poco lontano da Naturno e a soli 10 km dalla rinomata stazione climatica di Merano. Immerso tra gli estesi prati interrotti da frutteti (meli) che accompagnano il corso dell'Adige tra Cirlano/Tschirland e Rablà sorge l'abitato di Plaus. La sua posizione offre la possibilità di molte passeggiate ed escursioni lungo il fondovalle della bassa Val Venosta. Il toponimo risale probabilmente al latino „palus" (palude).

Curiosità del luogo e dintorni

La **Parrocchiale di S. Ulrico**, citata nel 1164 nell'atto di donazione di Egno, vescovo di Coira. Nel 1400 la chiesa fu distrutta da un incendio da cui si salvò soltanto il campanile romanico. La nuova chiesa gotica venne consacrata nel 1401. Notevoli sono gli affreschi barocchi del famoso artista venostano, Simon Ybertrach (1694-1792). – La **Danza macabra di Plaus**: il famoso artista venostano Luis Stefan Stecher confronta l'osservatore con 11 scene raffiguranti la morte onnipresente, accompagnate da sagaci versi in dialetto tedesco, raffrontata alla mentalità rurale, alla storia della Venosta, alla gioia di vivere, alla fede cristiana, ed ai pericoli relativi alla nostra tanto vagheggiata mobilità. L'intera opera moderna dai vivaci colori è collocata sul muro del cimitero. – La pittoresca **fontana del paese** sotto l'acero secolare, dichiarato monumento naturale.

Passeggiate ed escursioni

A Rablà: oltre il ponte sull'Adige e poi scendendo lungo il fiume, 40 min. – A Naturno: oltre il ponte sull'Adige e poi risalendo il corso del fiume, 45 min. – A Castel Taranto/Dornsberg: seguendo il bel sentiero (non segnato) nel bosco lungo il pendio, ore 1. – Alla stazione a monte della funivia Rio Lagundo: seguendo il sentiero n. 30A per il Maso Holzer, da lì alla stazione a monte (sentiero n. 16), ore 2. – Alla Malga di Naturno, 1910 m: da Plaus attraverso prati e boschi seguendo il sentiero n. 30A, ripido, ore 3.

Castel Taranto e Plaus/Schloss Dornsberg mit Plaus

Scarpetta della Madonna (Cypripedium calceolus)/Rotbrauner Frauenschuh

POSTAL/BURGSTALL C 6

Comune, Prov. di Bolzano, abitanti: 1745, altezza s.l.m.: 270 m, CAP: 39014. **Informazioni**: Associazione Turistica di Lana e dintorni. **Stazione ferroviaria**: Postal - Lana. **Collegamento autobus**: Merano e Bolzano. **Impianti di risalita**: funivia in loc. Staffler per Verano.

Postal giace nell'avvallamento dell'Adige ai terminali occidentali dell'altopiano di Verano (Salto/Monzoccolo), immersa tra i frutteti ed i vigneti lungo la strada provinciale alle porte di Merano. La località è quasi fusa con il comune limitrofo di Gargazzone (a 2,5 km più a sud) ed è collegata all'antistante Comune di Lana tramite un'ottima strada ed una pista ciclabile. Già in tempi remoti la zona era conosciuta per la ricchezza dei suoi frutteti. Sulla collina nei pressi della chiesa sorgeva l'insediamento originario. Su una vicina sporgenza rocciosa si trovano i resti e le fondamenta del castello di un cavaliere, Volkmar von Burgstall (1280-1343), portati alla luce da recenti scavi. Egli fu uno dei primi governatori del Tirolo.

Curiosità del luogo e dintorni

La **Cappella** eretta nel 1330 dal duca Volkmar von Burgstall, ristrutturata attorno al 1500. – Il campanile a punta e il coro dell'antica **Chiesa dei Tre Re Magi**; vi sono annesse la **Chiesa della S. Croce** (1868) e l'odierna alzata del campanile a punta, voluta dal curato Johann Lun. La pala dei Tre Re Magi custodita nella chiesa, opera del famoso pittore Dill Riemenschneider (pittore alla corte dei vescovi), proviene dall'antica Chiesa dei Tre Re Magi del 1541. – Interessante **Cimitero**.

Passeggiate ed escursioni

Chilometri e chilometri di sentieri in mezzo a fertili frutteti. – Passeggiata Graf Volkmar:

verso sud fino alla stazione a valle della funivia di Verano, 2,5 km ca. Punto di partenza: chiesa parrocchiale. – A Merano, Maia Alta: dalla chiesa parrocchiale per la passeggiata Graf Volkmar verso nord, indi al posto di ristoro Mitterwalder, poi passando per Castel del Gatto/Schloss Katzenstein, sentiero n. 1, ore 2.30. – A Merano, Maia Alta, sui sentieri n. 1A e 1 e ad ovest di Castel Verruca/Schloss Fragsburg, totale ore 2.30. – A Verano salendo per il sentiero Sunnseitnsteig passando oltre il maso Stegerhof, ore 2.30. – Dalla chiesa parrocchiale verso nord al posto di ristoro Wiesler, 563 m, 30 min. – Al Comune limitrofo di Gargazzone, salendo verso sud fin quasi allo Stegerhof (900 m ca.), da lì in discesa verso sud per Morosino/Morosing, ore 3.30. – Sul M. Pietrarossa/Rotensteinkogel, 1464 m: sul sentiero n. 1A verso nord fino all'incrocio con il sentiero n. 1; da lì in direzione sud-est fino alla croce presso l'Hütterhof, ore 1.45; indi per i sentieri n. 11 e 14 alla cima, dal versante nord est, 1.30 ore. Sulla cima si trova il cosiddetto „Knottnkino", realizzato nel 2000 dall'artista Franz Messner. Oltre 30 sedie in acciaio e legno di castagno che ricordano l'ambiente di una vecchio cinema, site su uno sperone roccioso che i sudtirolesi chiamano „Knottn". Dopo aver preso posto si può ammirare il „film": un panorama mozzafiato che contempla tutta la Valle dell'Adige, il Penegal, le Dolomiti, il Corno Bianco, la Val d'Ultimo, il gruppo di Tessa, la conca meranese e la Val Passiria.

RIFIANO/RIFFIAN C 4

Comune, Prov. di Bolzano, abitanti: 1360, altezza s.l.m.: 504 m, CAP: 39010. **Informazioni:** Associazione Turistica di Val Passiria. **Stazione ferroviaria:** Merano (5 km). **Collegamento autobus**: Merano - Rifiano - Moso in Passiria. **Impianti di risalita:** funivie e seggiovie.

All'imbocco della Val Passiria così ricca di storia, tra pendii coltivati a vigneti, frutteti ed imponenti castagni, giace Rifiano, graziosa località del Burgraviato che si estende in senso longitudinale sull'alta terrazza ai piedi del terminale montuoso che si spinge tra le valli di Sopranes e di Vals verso il letto del Passirio. Rifiano è il più noto luogo di pellegrinaggio del Burgraviato. Antichi masi contadini e numerose villette moderne danno un aspetto armonioso alla pittoresca località.

Curiosità del luogo e dintorni

Il **Santuario della Madonna Addolorata**, con la **Cappella delle Grazie**, citato nel 1310: l'attuale edificio barocco, progettato da Franz Delai, risale al 1671. L'altar maggiore è un capolavoro barocco di Bartlmä Gratl ed è considerato uno dei maggiori altari del Tirolo. Particolarmente meritevole è la Pietà del 1415 ca. ed il fonte battesimale (1400 ca.). Nella **Cappella delle Grazie** (cappella cimiteriale) pregevoli affreschi gotici dell'artista meranese detto „maestro Venceslao" (in tedesco: Meister Wenzeslaus). – La **Via Crucis** che conduce al santuario offre rappresentazioni in bronzo patinato delle varie stazioni, realizzate nel 1958 da Guido Lezuo. – Nel 2010, settimo centenario di pellegrinaggio, è stato realizzato un **itinerario meditativo alla „Madonna dei sette dolori"**, lungo l'ameno percorso della roggia. – Il maso **Wetzlhof** presenta begli affreschi del 1777 sulla facciata. – A **Vernurio/Vernuer**: La **Chiesetta di montagna di S. Giovanni Nepomuceno** e le **pietre incavate**, antichi luoghi di culto.

Passeggiate ed escursioni

All'Alb. Hochegger, 820 m, a Vernurio, per i sentieri n. 5 e 10A, ore 1. – All'Alb. Brunner, 1095 m, a Vernurio, per il sentiero n. 5, ore 1.45. Discesa per i sentieri n. 24 e 21A. – A Scena: Accanto all'ufficio turistico Riffiano-Chienes per il sentiero Passersteig fino al campo sportivo e per il Passersteg a Scena, ore 1.15. – A Merano per il pittoresco Sentiero dei prati/Wiesenweg, il Purenweg e il n. 5, ore 1.30. – Al lago Obisell, 2160 m, dai masi Öbersthöfen per il Coston del Gallo/Hahnenkamm, 1804 m, ore 2.30.

S. PANCRAZIO/ST. PANKRAZ B 7

Comune, Prov. di Bolzano, abitanti: 1560, altezza s.l.m.: 730 m, CAP: 39010. **Informazioni:** Associazione Turistica Val d'Ultimo - Proves/Associazione Turistica Alta Val di Non. **Stazione ferroviaria:** Lana - Postal (14 km). **Collegamento autobus:** Merano e Val d'Ultimo.

Il Comune di S. Pancrazio è il centro più grande della bassa Val d'Ultimo. La Valle di Valcomai/Kirchbachtal bagnata dal Rio Chiesa/Kirchbach e la Val Marano confluiscono qui nella valle principale. Prati e magnifici boschi punteggiati da antichi masi rurali caratterizzano questo paesaggio idilliaco. Gli alpinisti e gli escursionisti trovano qui un'ampia scelta di passeggiate e fantastiche escursioni anche in alta montagna.

Curiosità del luogo e dintorni

La **Parrocchiale di S. Pancrazio**, la più antica della valle, fu costruita nell'anno 1000 e ristrutturata nel 1338. Nell'XI sec. fu proprietà dell'Abbazia di Weingarten presso Ratisbona/Ravensburg. Sul campanile di 56 m si trovano cornicioni in pietra, un interessante quadrante e l'insegna dei conti Trapp. – In paese vale la pena di andare a vedere la **„Häusl am Stoan"**, una piccola casetta su un gigantesco masso che nel 1882 fu l'unica a resistere ad un forte maltempo e che ora rappresenta uno dei più singolari monumenti dell'arco alpino. – La **Cappella di S. Sebastiano** a due piani, XIV sec. – **Castello Eschenlohe**, antica sede giudiziaria, castello avito degli omonimi conti. – La frazione di **S. Elena** nelle immediate vicinanze con un'antichissima **cappella**. – **Bagni Termali** di **Bagni di Mezzo.**

Passeggiate ed escursioni

A Bagni di Mezzo attraverso la Val Marano/Marauntal, ore 2. – Al Passo Castrin/Hofmahdjoch, 1785 m: attraverso Bagni di Mezzo, per il Maso Luco/Laugenhof, 1327 m, e Aalach sul sentiero n. 8 al passo, ore 3. – Alla Malga Guggenberger Alpl, 1705 m: lungo la carrozzabile che porta a Castel Eschenlohe, sentieri n. 2A e 2 per Gruben e per Ecker alla malga, ore 2. Ascensione al Colle Scabro/Rauher Bühel, 2027 m, in altri 45 min. (solo per esperti). – A S. Elena, 1532 m, in direzione sud ovest, sentiero n. 5, ore 2. – Alla Malga di Valcomai di Dentro/Inner-Falkomai Alm, 2051 m, e ai Tre Laghi: attraverso la Valle di Valcomai/Kirchbachtal alla malga, sentieri n. 3 e 3A, indi sul sentiero n. 8 ai laghi, ore 5-6. – Al Giogo Alto/Naturnser Hochjoch, 2443 m: in direzione ovest sul sentiero n. 3 al maso Bachmann e poi sul sentiero n. 6, verso nord, alla Malga Scaglioni/Staffler Alm, 1875 m. Si prosegue ad est sul sentiero n. 1 fino al sentiero n. 9 che si segue verso ovest fino alla cima, ore 5 ca. (solo per esperti). Variante per il ritorno: sul sentiero n. 1 fin poco prima della Malga di Valcomai di Fuori/Außer-Falkomai Alm e lungo la Valle di Valcomai/Kirchbachtal, sentiero n. 3, al punto di partenza. – Al M. Luco Grande, 2434 m: a) attraversato il Rio Valsura presso l'Alb. Rössl si segue il sentiero n. 1 fino a Roan; da lì sul sentiero n. 25 alla Forcella di Plazzoles/Platzerer Jöchl, 1519 m; sul sentiero n. 10 si passa ad ovest del M. di Dentro/Innerberg indi sul ripido sentierino n. 8A, oltrepassando il lago Laugensee, alla cima, ore 4.30 (solo per esperti); b) da Bagni di Mezzo sui sentieri n. 8 e 8A per la Malga Luco/Laugneralm, 1748 m, al Laugenjöchl, 2050 m, e sul sentiero n. 8A alla cima, ore 4.

SALTUSIO/SALTAUS – S. MARTINO IN PASSIRIA/ST. MARTIN IN PASSEIER C 3

Comune, Prov. di Bolzano, abitanti: 2830, altezza s.l.m.: 595 m, CAP: 39010. **Informazioni**: Associazione Turistica di Val Passiria. **Stazione ferroviaria**: Merano (16 km). **Collegamento autobus:** con Merano, Moso in Passiria, Alta Val Passiria e Valtina/Walten (frazione di S. Leonardo in Passiria). Da metà giugno a metà settembre al Passo Giovo, 2099 m. **Impianti di risalita**: funivia Punta Cervina/Hirzer Seilbahn.

Saltusio è una frazione di S. Martino in Passiria. Una descrizione dettagliata della località è riportata nella guida della carta escursionistica KOMPASS n. 044 „Val Passiria".

SCENA/SCHENNA C 5

Comune, Prov. di Bolzano, abitanti: 2850, altezza s.l.m.: 600 m, CAP: 39017. **Informazioni:** Associazione Turistica di Scena. **Stazione ferroviaria:** Merano (5 km). **Collegamento autobus**: Merano - Scena - Verdins. **Impianti di risalita:** funivie e seggiovie.

Il paese di Scena, rinomata località turistica nelle immediate vicinanze di Merano, si adagia in un avvallamento ai piedi del Picco Ivigna/Großer Ifinger, 2581 m, che sovrasta la conca meranese. Frutteti, vigneti e castagneti delle alte terrazze circostanti formano un piacevole contrasto con il verde scuro delle abetaie e delle pinete sui pendii del Picco Ivigna. I simboli di Scena sono la Parrocchiale con il vicino Mausoleo dell'arciduca Giovanni d'Austria e il Castello di Scena. Favoloso panorama sul M. di Merano/Küchelberg, di fronte all'abitato, e sulle località poste all'inizio della Val Passiria, ai piedi del M. Mutta/Mutspitz e del Coston del Gallo/Hahnenkamm. Il territorio comunale si estende attraverso la frazione di Verdins fino a Talle al di là della gola Masul.

Curiosità del luogo e dintorni

Il **Municipio** sul lato ovest della piazza principale, risale al 1549. – La vecchia **Parrocchiale di S. Maria Assunta**, originariamente romanica, resti ancora ben visibili sul campanile e sull'unica navata, ristrutturata nel 1500 ca. L'altar maggiore barocco con le statue dei SS. Franz Xaver e Giovanni Nepomuceno, venne realizzato verso il 1730 e modificato nel 1819. Durante il restauro del 1975-86 sono stati rinvenuti preziosi affreschi del 1400 ca. – La **Parrocchiale nuova** venne iniziata nel 1914 ed ultimata nel 1931. Degne di nota sono le stazioni della Via Crucis ed il nuovo organo, 1993. – La **Cappella di S. Martino**, presso il cimitero, romanica, restaurata nel 1922. – Accanto alla Parrocchiale, il **Mausoleo**, sepolcro dell'arciduca Giovanni d'Austria, della consorte Anna Plochl e della famiglia. Costruzione neogotica (1860-1869) realizzata su progetto dell'architetto viennese prof. Moritz Wappler in arenaria rossa e granito della zona dell'Ivigna. Sepolcro sotterraneo con cripta a volte nervate in croce. Sarcofago in marmo veronese dell'arciduca e della consorte. – **Castello di Scena**, edificato nel 1350 dal conte del Burgraviato tirolese, favorito di Margherita Maultasch, sulla collina „Gesaß auf dem Bichel", donatagli dal margravio Lodovico di Brandeburgo, duca di Baviera. Nel 1844 passò di proprietà all'arciduca Giovanni d'Austria, che nel 1859 lo diede in eredità ai propri discendenti, i conti di Merano, attuali proprietari. Ospita un **Museo** che tratta prevalentemente l'insurrezione tirolese di Andreas Hofer del 1809. All'interno si possono ammirare anche ricche collezioni di armi e armature, trofei di caccia, pregevoli dipinti ed altre opere d'arte esposte nei saloni rinascimentali e barocchi. Orario d'apertura: Pasqua - primi di novembre, chiuso domenica e festivi. – **Castel Gaiano/Schloss Goyen**, uno dei più antichi dell'area meranese, proprietà privata. La costruzione risale probabilmente al XII sec., originariamente proprietà dei Milser (Milsertum), dal 1920 ca. proprietà della famiglia olandese van Heek. Pittoreschi cortili, notevole mastio con muro di cinta e torre abitabile. – A **Scena di Sopra**: **Chiesa di S. Giorgio** a pianta circolare. Secondo la tradizione si tratterebbe della cappella dell'antico maniero di Scena. Pitture murali romaniche e gotiche, raffiguranti la vita ed il martirio di S. Giorgio; spicca la coppia dei fondatori, probabilmente un bracciante agricolo con la moglie; figure in stile gotico sull'altare a portelli ed una rara rappresentazione di Santa Kummernus del XVII sec. – Lungo la Via Pichler si trovano **vetusti castagni** di ben oltre 400 anni. – Il sentiero lungo la roggia di **Maia/Maiser Waalweg**, lungo 9 km, da Saltusio a Maia Alta, realizzato nel 1472 ed ancora quasi allo stato originario, e quello di **Scena**, 7,5 km, dalla gola di Masul fino in Val di Nova/Naiftal, realizzato nel 1733. – Per altre curiosità: v. **MERANO**.

Passeggiate ed escursioni

A Castel Gaiano attraverso S. Giorgio (sentiero n. 18), 30 min.; ritorno per il Castel Planta, totale ore 1.30. – All'Alb. Taser, 1450 m, presso la stazione a monte della cabinovia: dapprima in direzione nord est sulla carrozzabile fino a Roth, quindi verso nord (sentiero n. 18a) al Laimer e oltre fino all'albergo, panorama meritevole, ore 1.30. – Agli Alberghi Egger e Gsteier: al maso Roth e oltre (sentiero n. 18) all'Alb. Egger, 1506 m, ore 2.30. Da lì verso sud (sentiero n. 40) all'Alb. Gsteier, 1372 m, nella Val di Nova/Naiftal, 45 min.; ritorno a Scena (sentieri n. 3 e 3A), totale ore 5.

TIROLO/TIROL C 5

Comune, Prov. di Bolzano, abitanti: 2480, altezza s.l.m.: 596 m, CAP: 39019. **Informazioni:** Associazione Turistica Tirolo. **Stazione ferroviaria**: Merano (4 km). **Collegamento autobus**: Merano. **Impianti di risalita**: funivia Tirolo - Alta Muta, 1400 m, seggiovia Merano - Tirolo.

La località con la sua chiesa, i bianchi masi rurali e le antiche residenze nobiliari coronati dalla sommità del M. di Merano/Küchelberg, funge da simbolo storico per tutta la conca meranese. Da esso prese nome il castello avito e tutta la regione. Il territorio comunale comprende il centro con i rioni Kirchenviertel e Waalviertel nonché le frazioni di Aica/Aich e Haslach. Si estende fino alla Val di Sopranes e ai Masi della Muta, antiche cascine alpestri risalenti all'epoca degli insediamenti bavaresi. Particolarmente pittoresco è il nucleo antico. Al fine di favorire il turismo, gran parte di esse sono state ristrutturate.

Curiosità del luogo e dintorni

La **Parrocchiale di S. Giovanni Battista**, menzionata nel 1116; inizi all'epoca precarolingia; campanile romanico con cupola e dipinti araldici del XVII sec.; coro gotico, 1370;

Veduta panoramica dal sentiero Herrschaftsweg/Unterwegs am Herrschaftsweg

altare neogotico, XIX sec.; statue del XV sec.; dipinti di Paul Troger e di F. Wasmann di Amburgo. – La **canonica** con dipinti araldici (1450-1528). – **Castel Torre/Thurnstein**, ospita un albergo. – La **Chiesa di S. Ruperto** (affreschi del XIV sec.). – **Castel d'Aura/Schloss Auer**, costruito nel 1300 ca.; ingresso pittoresco, sala con blasoni e galleria degli avi, preziosa „stube" gotica. Proprietà privata, non visitabile. – **Castel Tirolo**, castello avito della regione e residenza dei conti di Tirolo, residenza principesca nello stile delle rocche imperiali degli Hohenstaufen del XII e XIII sec. Costruito nel 1141 dai duchi di Venosta, restaurato nel XIX sec.; sede del governo fino al termine del governo di Margareta Maultasch nel 1363; con cappella a due piani (sculture, dipinti murali e su vetro, incisioni su rame), sala dei Cavalieri; statue romaniche agli ingressi ed alle finestre, affreschi gotici. **Museo Storico-Culturale**: orario d'apertura: metà marzo - fine novembre, chiuso il lunedì, gli altri giorni ore 10-17, tel. 0473/220221. – **Castel Fontana/Brunnenburg** menzionato nel 1253, ristrutturato agli inizi del XIX sec. purtroppo non nel suo stile originario. Dal 1974 sede di un **Museo agricolo** che documenta la cultura, la civiltà e l'arte popolare. Con l'ausilio di documentazioni fotografiche e filmati vengono illustrati vari processi lavorativi in uso nell'agricoltura e nell'artigianato. **Luogo commemorativo di Ezra Pound**, poeta americano che ivi residette dal 1958 al 1972. Orario d'apertura: 1° aprile-primi di novembre, domenica-giovedì, ore 10.30-17, tel. 0473/923533. – La **Chiesetta di S. Pietro** sopra **Quarazze/Gratsch**, V sec., conserva preziosi affreschi carolingi.

Passeggiate ed escursioni

Al Castel Torre/Schloss Thurnstein (Albergo-Ristorante) passando per il Castel Tirolo fino a S. Pietro, ore 1; da lì si prosegue in discesa sul sentiero n. 29A alla roggia/Waalweg di Lagundo e a Plars di Sopra, ore 2. – A Merano per la stada principale e la Via M. S. Benedetto/Segenbühel, 45 min. – A Velloi per Castel Tirolo, sentiero n. 26, ed i masi Pirpamegg, ore 1.45. – All'Alb. Longfallhof, 1075 m, per l'Alb. Tiroler Kreuz, sentiero n. 6, ore 1. – Anello dei Signori/Herrschaftsweg: da Castel Tirolo sul sentiero n. 26, indi a destra per l'Herrschaftsweg ed il ristorante Farmerkreuz si scende a Tirolo, ore 3. – Sul M. Mutta/Mutspitz, 2294 m: con la funivia e poi alla cima, ore 2.30.

VERANO/VÖRAN C 6

Comune, Prov. di Bolzano, abitanti: 930, altezza s.l.m.: 1129 m, CAP: 39010. **Informazioni**: Associazione Turistica di Avelengo - Verano - Merano 2000. **Stazione ferroviaria**: Lana - Postal. **Collegamento autobus**: Verano - Avelengo - Merano. **Impianti di risalita**: funivia Postal, in loc. Staffler - Verano.

Il Comune di Verano costituisce il confine del Burgraviato sulla terrazza a mezza montagna del Salto/Monzoccolo, costituito da quattro Comuni. È collegato con la Valle dell'Adige tramite la funivia Postal - Verano e le strade Merano - Avelengo o Terlano - Meltina. Il toponimo „Feran" compare già tra l'800 ed il 1000 d.C. Il paesaggio attorno alla località, tra meravigliosi prati alpini e dolci declivi, è una delle méte preferite dai turisti meranesi e bolzanini.

Curiosità del luogo e dintorni

La **Chiesa**, costruita nel 1330 quale chiesa curaziale, con porte ogivali tardogotiche. Le finestre ad arco ribassato e le volte a botte risalgono ad una ristrutturazione nel periodo barocco. – Interessanti **tetti di paglia** su alcuni fienili del Monzoccolo, testimoni di insediamenti baiuvari. – Singolari e vistose sono le **tre Pietre Rosse** (Rotensteinkogel, Beimsteinkogel e Untersteinkogel), tufi tondeggianti da cui si gode uno splendido panorama! – Sul **M. Pietrarossa/Rotensteinkogel**, 1464 m, dove si trova il cosiddetto „**Knottnkino**", realizzato nel 2000 dall'artista Franz Messner. Oltre 30 sedie in acciaio e legno di castagno che ricordano l'ambiente di una vecchio cinema, site su uno sperone roccioso che i sudtirolesi chiamano „Knottn". Dopo aver preso posto si può ammirare il „film": un panorama mozzafiato che contempla tutta la Valle dell'Adige, il Penegal, le Dolomiti, il Corno Bianco, la Val d'Ultimo, il gruppo di Tessa, la conca meranese e la Val Passiria.

Passeggiate ed escursioni

A Salonetto: sul sentiero n. 13 dapprima in direzione est superando il Rio Eschio/Aschler Bach, quindi in direzione sud passando per S. Ulrico, sentiero 15 e 15B, ore 2. – A Meltina: in direzione est sul sentiero n. 1 per l'Alb. Grüner Baum fino ad Eschio; da lì (segnavie 14) attraverso il bosco fino a Meltina, ore 1.30. Ritorno sul sentiero n. 13 a Verano, totale ore 3. – A Merano per il sentiero n. 1: oltrepassando numerosi masi fino al Rio Sinigo/Sinichbach, ore 1.30; al di là del rio si segue la carrozzabile fino al Castel del Gatto/Katzenstein e a Maia Alta, ore 2.30. – A Gargazzone si scende per il sentiero n. 4, ore 1.30. – Al Giogo della Croce/Kreuzjoch, 2086 m: sul sentiero n. 1 all'Albergo Grüner Baum e sul sentiero n. 16 si continua fino alla Leadner Alm, 1514 m, ore 1.15; da lì in direzione est per il sentiero n. 11 al Giogo dei Prati/Auener Joch, 1924 m, e da lì per il sentiero n. 4 verso nord alla vetta, totale 3 ore, facile. Discesa: per il fianco occidentale sul sentiero n. 5 alla Malga di Verano/Vöraner Alm, 1873 m; da lì si può facilmente fare una puntatina sul Giogo di Verano/Vöraner Joch, 1941 m; ritorno a Verano per i sentieri n. 11A e 11 passando per la Leadner Alm. – Percorso circolare sul Monzoccolo/Tschögglberg: dal Gasthof Grüner Baum di mattina con il bus per Avelengo a Falzeben, 1609 m, salita (o in funivia) all'Alb. alpino Piffinger Köpfl, 1980 m, indi per il sentiero n. 3 alla malga Weidmannalm e per il sentiero n. 18A alla Kirchsteigeralm, poi al Rif. Merano e sull'E5 (sentiero n. 4) al Giogo dei Prati/Auener Joch, 1924 m; discesa per il sentiero n. 2 alla malga di Verano, 1873 m, indi per i sentieri n. 2A,11A e 11 oltre la malga Leadner, 1514 m, all'Alb. Grüner Baum (sentiero n. 16); in totale ore 4-4.30.

Lo stupendo panorama dal Rotensteinkogel verso Gruppo di Tessa, Penegal e Corno Bianco
Das Knottnkino bietet eine herrliche Aussicht auf Texelgruppe, Penegal und Weißhorn

Le Vie Romane delle Alpi
La Via Claudia Augusta, protostrada d'Europa

La VCA fu tracciata nel 16 a.C. da Druso Maggiore Germanico, generale di Augusto, e fu ultimata nel 47 d.C. dall'imperatore Claudio, da cui prese il nome. Lunga 350 miglia romane, collegava il mare Adriatico con il Danubio. Iniziava ad Altinum/*Altino*, importante porto sulla laguna veneta, e terminava a *Submuntorium*/Mertingen, pochi km a sud di Donauwörth. Risaliva i bacini dei fiumi Piave, Brenta ed Adige e scendeva lungo quelli dell'Inn e del Lech. Dopo Altinum toccava *Feltria*/Feltre, *Ausucum*/Borgo Valsugana, *Tridentum*/Trento, *Maia*/Meran, il Passo Resia, *Inutrium*/Nauders, *Medullum*/Landeck, *Umista*/Imst, il Fernpass, *Foetibus*/Füssen, *Abodiacum*/Epfach, *Augusta Vindelicum*/Augsburg. Fu per i tempi un'opera colossale: il primo e più lungo asse viario transalpino dell'età imperiale che unito alle vie consolari Popillia e Flaminia rappresentò il più breve collegamento tra Roma e il confine germanico. Nata per esigenze militari, la VCA divenne un'importante via per scambi commerciali e culturali, vero strumento di incontro e di integrazione tra le civiltà latina e germanica. Oggi la VCA con il suoi 560 km è il più lungo e antico tracciato storico-escursionistico d'Europa. Percorribile a piedi, in bicicletta e a cavallo, la VCA attraversa 5 regioni di 3 nazioni e riassume in assoluto il meglio delle bellezze paesaggistiche delle Alpi, dalle luminose colline bavaresi alla gioiosa pianura adriatica. Gli innumerevoli tesori d'arte e i rari patrimoni culturali che si incontrano con lo slow travel nel fanno uno dei percorsi europei più completi ed entusiasmanti. Agli audaci viaggiatori riserva poi l'impareggiabile, ultima sorpresa: la laguna e la superba Venezia che proprio dalle pietre d'Altinum ebbe origine.

Nella presente cartografia la VCA va da **Appiano** a **Ciardes**. È questo uno straordinario tracciato di ca. 52 km, tra i più suggestivi e carico di memorie storiche in Alto Adige. Superato Castelvecchio/Altenburg, la strada si manteneva a monte dell'abitato di Caldaro e proseguiva alta sulla valle, tagliata nello scosceso zoccolo roccioso che in questa parte delimita la valle dell'Adige. Lungo il tracciato della VCA sorsero poi numerosi castelli, il più antico dei quali, Castel Appiano/Burg Hocheppan, fu quasi certamente edificato dai Romani a controllo della diramazione che nella sottostante piana si staccava dalla VCA per raggiungere l'ancora non ben identificato Pons Drusi: importante stazione militare posta alla confluenza tra le valli dell'Adige e quella dell'Isarco. Interamente esposto a mattina, il tracciato proseguiva poi tenendosi alto sulla valle per Andriano e Marlengo prima di scendere nei pressi di Lagundo da dove raggiungeva Merano/Maia o statio Maiensis. Era questo l'estremo presidio militare della X Regio italica, posto anch'esso alla confluenza di due valli, a poco più di un miglio dal confine con la Rezia. A Lagundo, nei pressi della piscina, si conserva una monumentale spalletta di un ponte, il più massiccio manufatto romano dell'intera regione, giunta sino a noi intatta perché completamente interrata dopo lo spostamento a sud del corso dell'Adige che oggi si attraversa, ancora nello stesso luogo, con una ardita passerella in legno posta alle spalle della birreria di Forst. Quindi con una rapida salita, ora in riva sinistra dell'Adige, si raggiunge l'imbocco della Val Venosta nei pressi di Tel/Töll e poco oltre si incontra Rablà. Qui, sulla linea di confine, fu posto da Claudio uno dei cippi miliari (ritrovato nel 1552 e oggi conservato nel museo civico di Bolzano) con cui volle ricordare le gesta militari del padre e la sua grande strada transalpina. Poi il sovrapporsi di nuovi tracciati a causa della continue esondazioni del fiume hanno di fatto sepolto ogni traccia della VCA. Sopravvivono però testimonianze di antichi insediamenti come lo stupendo oratorio di San Procolo/St. Prokulus a Naturno (VIII sec.) il primo di una serie di luoghi di culto posti lungo la valle e le cui origini si perdono nella notte dei tempi.

Testo a cura della Società Archeologica Claudia Augusta
Via Marsiai 1, 50° miglio • 32030 Cesiomaggiore (BL) • Mail: claudiaugusta@libero.it

ENTDECKE
DIE WELT VON
Falk OUTDOOR
NAVIGATION
MEINE ROUTE
MEIN RUNDKURS
Berechnete Route
14:01
Strecke: 30 km Dauer: 2:57 h
Ziel: Hagäckerstraße, D 73760
Ostfildern/Kemnat
Abbrechen
Navigation
Falk LUX
er Allrounder mit rou-
ngfähiger Basiskarte Plus
20 Länder) oder zusätzlich
remium Outdoorkarte inkl.
remium Outdoor-Zielen
.a. von KOMPASS, Mein
undkurs, Höhenprofil,
apierloses Geocaching ...
MTB
Wandern
Geocaching
Falk IBEX
Dein Komfort-Begleiter mit
großem Display, Premium
Outdoorkarte und routing-
fähiger Basiskarte Plus (20
Länder), über 1 Mio. Premium
Sonderzielen u.a. von
KOMPASS, Alternativrouten,
Marco Polo Reiseführer...
Touren
Trekking
E-Bike
Falk PANTERA
Das sportliche Navi inkl.
ANT+ Funktionalität für
Herzfrequenz, Trittfrequenz,
Geschwindigkeit, PC-Software
zur Trainingsanalyse, Premium
Straßenkarte für 19 Länder
Europas ...
Rennrad
MTB
Die geballte Falk Kartenkompetenz und die beste Outdoor-Technologie.
ntdecke die Natur auf Deine ganz eigene Art. Zu Fuß oder mit dem Fahrrad. Alleine oder im Team.
iel Spaß mit LUX, IBEX und PANTERA.
www.falk-outdoor.com
facebook.com/FalkOutdoor
twitter.com/Falk_Outdoor
Falk OUTDOOR
NAVIGATION

VERZEICHNIS DER TELEFONNUMMERN
DER WICHTIGSTEN ALPENGASTHÖFE UND UNTERKUNFTSHÜTTEN
NUMERI TELEFONICI DEI PIÙ IMPORTANTI RIFUGI ED ALBERGHI APINI

Nonsberg-Gruppe und Mendelkamm/Le Maddalene e Catena della Mendola
Frantschalm (Mauslochalm) 0335/8262390
Marzoner Alm 03355/605862
Naturnser Alm 0339/3901634
Tablander Alm 0333/1089390
Vigilius Mountain Resort, Hotel 0473/556600
Zetnalm 03933/56918648

Ötztaler Alpen und Texelgruppe/Alpi Venoste e Giogaia di Tessa
Bockerhütte/Rif. dei Becchi 0473/945544
Eishof-Alm/Maso Gelato 0335/6543300 + 0473/229947 (Winter/Inverno)
Hochganghaus/Rif. Valico 0473/443310
Hochwildehaus 0664/5268655 (Österreich)
Jägerrast 0473/679230
Langtalereck Hütte 0664/5268655 (Österreich)
Lodnerhütte/Rif. Cima Fiammante 0473/967367
Mitterkaser 0473/420473 + 0473/679234
Nasereit-Hütte/Rif. Nasereit 0340/4941347
Ramolhaus 05256/6223 (Österreich)
Stettinerhütte/Rif. Francesco Petrarca 0473/646789
Zwickauerhütte/Rif. Plan 0473/646702 + 0333/6583451

Sarntaler Alpen/Monti Sarentini
Falzeben, Hotel 0473/279423
Hirzerhütte/Rif. Punta Cervina 0473/645600 (Winter/Inverno) + 330/515900 (Sommer/Estate)
Ifinger Hütte/Rif. Picco Ivigna 0473/965111 + 0335/5328604
Kesselberghütte/Rif. Valcanova 0473/279477
Langfenn Gasthaus/Albergo 0471/668218
Locher, Gasthaus/Albergo 0471/354160
Meranerhütte/Rif. Merano 0473/279405
Möltner Kaser 0349/1290780 + 0349/1243720
Piffinger Köpfl, Berggasthof/Albergo Alpino 0473/279610
Rotwandhütte/Rif. Parete Rossa 0334/8735587
Sarner Skihütte/Rif. Sarentino 0471/622389 + 0349/3435556
Saltner Edelweiß 0471/354106
Tomanegger Gasthaus/Albergo 0471/340008
Zuegghütte/Rif. Zuegg 0473/279408

Alle Angaben ohne Gewähr! • Informazioni non garantite!
Vorwahl Italien/Prefisso internazionale per l'Italia: 0039
Vorwahl Österreich/Prefisso internazionale per l'Austria: 0043

Notrufnummern • Telefono emergenza

112 Euro-Notruf/Numero Unico di Emergenza Europea (Carabinieri)

118 Sanitärer Notruf (Krankenwagen, Bergrettung, Flugrettung)/Numero unico per l'emergenza sanitaria (ambulanza, soccorso alpino, elisoccorso)

113 Staatspolizei/Polizia di Stato

VERZEICHNIS DER TOURISMUSVEREINE/BÜROS
ELENCO DELLE ASSOCIAZIONI TURISTICHE/UFFICI TURISTICI

	Tel.	Fax
Algund/Lagundo	0473/44 86 00	0473/44 89 17
Burgstall/Postal	0473/56 17 70	0473/56 19 79
Deutschnonsberg/Alta Val di Non	0463/53 00 88	0463/53 21 00
Gargazon/Gargazzone	0473/56 17 70	0473/56 19 79
Hafling – Vöran – Meran 2000/ Avelengo – Verano – Merano 2000	0473/27 94 57	0473/27 95 40
Kuens/Caines	0473/65 61 88	0473/65 66 24
Lana und Umgebung/ Lana e Dintorni	0473/56 17 70	0473/56 19 79
Marling/Marlengo	0473/44 71 47	0473/22 17 75
Meran/Merano	0473/20 04 43 + 27 20 00	0473/20 01 88 + 23 55 24
Nals/Nalles	0471/67 86 19	0471/67 81 41
Naturns/Naturno	0473/67 26 26	0473/66 63 69
Partschins – Rabland – Töll/ Parcines – Rablà – Tel	0473/96 71 57	0473/96 77 98
Riffian/Riffiano	0473/65 61 88	0473/65 66 24
Passeiertal/Val Passiria	0473/65 61 88	0473/65 66 24
St. Pankraz/S. Pancrazio	0473/79 53 87	0473/79 50 49
Schenna/Scena	0473/94 56 69	0473/94 55 81
Tirol/Tirolo	0473/92 33 14	0473/92 30 12
Tscherms/Cermes	0473/56 17 70	0473/56 19 79
Vöran/Verano	0473/27 94 57	0473/27 95 40

Marketinggesellschaft Meran, Gampenstraße 95, 39012 Meran
Merano Marketing, Via Palade 95, 39012 Merano
Tel.: 0473/20 04 43, Fax: 0473/20 01 88
info@meranerland.com • www.meranerland.com • www.mgm.bz.it

Kurverwaltung Meran, Freiheitsstraße 45, 39012 Meran
Azienda di cura, soggiorno e turismo Merano, Corso Libertà 45, 39012 Merano
Tel.: 0473/27 20 00, Fax: 0473/23 55 24 • info@meran.eu • www.meran.eu

Alle Angaben ohne Gewähr! • Informazioni non garantite!
Vorwahl Italien/Prefisso internazionale per l'Italia: 0039
Vorwahl Österreich/Prefisso internazionale per l'Austria: 0043

Eine Möglichkeit zur Orientierung ist das **GPS** (Global Positioning System). Mit einem GPS-Gerät kann man weltweit seine Position (Angabe in Koordinaten) bestimmen. Möglich ist dies durch Satelliten, die die Erde in etwa 20.200 km Höhe mit einer Geschwindigkeit von ca. 11.200 km/h umkreisen und laufend Signale senden. Verwendet man ein GPS, muss man das MapDatum und das zugrunde liegende Ellipsoid des jeweiligen Landes in Erfahrung bringen, weil man sonst falsche Koordinatenangaben erhält. Der Umgang mit einem GPS-Gerät verlangt allerdings ein sehr gutes Wissen im Kartenlesen und vor allem Übung im Handling.

Le nuove tecnologie per orientarsi all'aperto necessitano di strumenti di navigazione appropriati e innovativi. I sistemi che si avvalgono della tecnologia **GPS** (Global Positioning System - Sistema di Posizionamento Globale), permettono di localizzare la propria posizione (indicata con coordinate) in tutto il mondo grazie a satelliti che orbitano attorno alla terra ad una distanza di ca. 20.200 km e ad una velocità di ca. 11.200 km/h emettendo segnali pressochè continui. Se si utilizza l'apparecchio GPS bisogna selezionare con cura il Map Datum ed il relativo ellissoide di riferimento dello Stato in cui ci si trova, evitando così di compromettere l'esattezza delle coordinate. L'utilizzo dell'apparecchio però richiede un po' di esercizio ed una certa pratica nel saper leggere le carte.

Die Beschreibungen zu jenen Orten, die Sie in diesem Textheft nicht finden, entnehmen Sie bitte den Textheften der Anschlusskarten!

Le località non riportate nella guida sono descritte in quelle delle carte limitrofe!

Wichtige Information für Karte und Führer!

Alle Angaben und Routenbeschreibungen wurden nach bestem Wissen gemäß unserer derzeitigen Informationslage gemacht. Die Wanderungen wurden sehr sorgfältig ausgewählt und beschrieben, Schwierigkeiten werden im Text kurz angegeben. Es können jedoch Änderungen an Wegen und im aktuellen Naturzustand eintreten. Wanderer und alle Kartenbenützer müssen darauf achten, dass aufgrund ständiger Veränderungen die Wegzustände bezüglich Begehbarkeit sich nicht mit den Angaben in der Karte decken müssen. Bei der großen Fülle des bearbeiteten Materials sind daher vereinzelte Fehler und Unstimmigkeiten nicht vermeidbar. Die Verwendung dieses Führers erfolgt ausschließlich auf eigenes Risiko und auf eigene Gefahr, somit eigenverantwortlich. Eine Haftung für etwaige Unfälle oder Schäden jeder Art wird daher nicht übernommen.

Attenzione! Informazioni importanti riguardanti carta e guida!

Tutte le indicazioni e le descrizioni degli itinerari riportate sulla carta e sulla guida sono state redatte con il massimo scrupolo in base alle informazioni pervenuteci entro la chiusura redazionale dell'ultimo aggiornamento. Le escursioni descritte sono state selezionate con la massima accuratezza, presentando nel testo anche i vari gradi di difficoltà. Teniamo a precisare che, data la quantità dei particolari, non si possono escludere a priori eventuali divergenze nella realtà riguardanti lo stato ed il tracciato dei sentieri rispetto alla rappresentazione sulla carta o alla descrizione sulla guida o altri cambiamenti imprevedibili. Gli escursionisti e chiunque utilizzi il nostro materiale deve dunque tener presente che la percorribilità dei sentieri non coincide necessariamente con le indicazioni riportate. L'utilizzo della guida e della carta è esclusivamente a proprio rischio e pericolo. L'Istituto Cartografico KOMPASS-Karten GmbH declina qualsiasi responsabilità per incidenti o danni subiti di qualsivoglia natura.

Lieber Wanderfreund,
KOMPASS ist ständig bemüht, die Qualität seiner Verlagsprodukte zu steigern. Vor allem Ihre **Korrekturhinweise und Verbesserungsvorschläge sind uns stets willkommen**. Sie helfen damit, die nächste Auflage noch aktueller zu gestalten. Bitte schreiben Sie an:
KOMPASS-Karten GmbH, Karl-Kapferer-Straße 5, 6020 Innsbruck, Österreich/Austria
Fax 0043/(0)512/26 55 61-8 • kompass@kompass.at • www.kompass.at
Ihre Zuschrift sollte neben der Angabe des Titels und des Falzfeldes und der Auflage auch Ihren Namen und Ihre genaue Anschrift enthalten. Die Informationen werden selbstverständlich vertraulich behandelt und Ihre persönlichen Daten nicht gespeichert.

Caro escursionista,
la ditta KOMPASS da sempre ambisce ad ottimizzare la qualità dei suoi prodotti. Siamo quindi grati se vorrà far pervenire quanto di incorretto potrà riscontrare sulla carta escursionistica contribuendo così ad un ulteriore aggiornamento dei contenuti a beneficio di tutti. Invii **eventuali correzioni o proposte di miglioramento** all'indirizzo riportato in alto, indicando sia il numero (titolo) della carta ed il quadrante di riferimento che il Suo indirizzo. I Suoi dati personali non verranno memorizzati.

Bildnachweis/Materiale fotografico:
Titelbild Karte/Foto di copertina sulla cartina: Schenna/Scena (Foto: © yetishooter © www.fotolia.de) • Titelbild Textheft/Foto di copertina sul libretto: Schloss Tirol im Burggrafenamt/Castel Tirolo, Burgraviato (Bildagentur Dr. Gerd Wagner)
Die Gärten von Schloss Trauttmansdorff/I Giardini di Castel Trauttmansdorff S./p. 1 (kleines Titelbild unten/piccola in basso), 32 (Marion Gelmini © 2010), 66, 90, 91; Gemeinde Algund/Comune di Lagundo (Fotograf/Fotografo: Kurt Geier) S./p. 84; Gemeinde Gargazon/Comune di Gargazone S./p. 20, 82; Gemeinde St. Pankraz/Comune di San Pancrazio S./p. 48 (unten/in basso); Pohler Alfred S./p. 19, 97; Società Archeologica Claudia Augusta S./p. 7, 104; Tappeiner AG, Lana – Archiv/Archivio Tourismusverein Dorf Tirol/Associazione Turistica di Tirolo, S./p. 54; Therme Meran/Terme Merano S./p. 36/37, 89 (Oskar Dariz); Tourismusbüro Ultental/Associazione Turistica Val d'Ultimo S./p. 6, 10 (beide/entrambe), 34, 45, 48 (oben/in alto), 69, 73, 75; Tourismusverband Meraner Land/Consorzio Turistico (www.meraner-land.com) S./p. 9, 21, 22, 71, 77, 92; Tourismusverein Algund/Associazione Turistica di Lagundo S./p. 16; Tourismusverein Dorf Tirol/Associazione Turistica di Tirolo (Frieder Blickle) S./p. 78, 101; Tourismusverein Hafling – Vöran – Meran 2000 (Fotos: Tappeiner und Reiterer)/Associazione Turistica Avelengo – Verano – Merano 2000 S./p. 79, 103; Tourismusverein Lana/Associazione Turistica Lana S./p. 25, 28, 85 (unten/in basso), 86; Tourismusverein Marling/Associazione Turistica Marlengo S./p. 29, 59, 87; Tourismusverein Naturns/Associazione Turistica di Naturno S./pp. 1 (kleines Titelbild oben/piccola in alto), 4, 24, 38 (beide/entrambe), 93, 96; Tourismusverein Partschins, Rabland, Töll/Associazione Turistica di Parcines, Rablà, Tel S./p. 1 (kleines Titelbild in der Mitte/piccola in mezzo), 13, 40, 94; Tourismusverein Schenna/ Associazione Turistica di Scena S./p. 50; Tourismusverein St. Leonhard in Passeier/Associazione Turistica di San Leonardo in Passiria S./p. 81, 95; Tourismusverband Vinschgau, Schlanders/Associazione Turistica Val Venosta, Silandro S./p. 85 (oben/in alto).

Verlagsnummer/Codice editore 53 • ISBN 978-3-85026-883-7